白石範孝の
国語授業の技術

白石範孝【著】
Noritaka Shiraishi

東洋館出版社

はじめに

私は三十年以上の教師生活の中で、自分なりの国語授業をつくりあげるべく試行錯誤してきました。目指すべきは、「論理的に考えることができる子どもを育てる」ことです。

私の授業づくりの基本は、作品や文章をぶつ切りにせず、丸ごととらえることです。作品や文章は、全体のつながりの中で読まなければ、正しい理解はできません。全体のつながりをとらえ、そこから細部を読んでいく読みの過程を大切にしなければ、本当の読解力にはならないと考えています。

その考えを軸に積み重ねてきた授業理論を『白石範孝の国語授業の教科書』(二〇一一年、東洋館出版社)にまとめました。同書はおかげさまでご好評をいただき、大きな反響がありました。さらに、「理論を実際の授業に生かす方法を具体的に知りたい」という声も多くあったそうです。そこでこの度、姉妹編を刊行する運びとなりました。

本書のテーマは、私の理論を授業の中でどのように実践しているのか、その技術、すなわち指導の具体的な方法を紹介することです。

私の授業は私にしかできないのではありません。技術さえ身につければ誰にでも実践できます。本書を読んだ先生方が、さまざまな技術を身につけ、楽しみながら子どもたちと向かい合い、理想の国語授業をつくりあげていけることを願っています。

白石　範孝

◉目次

第一章 白石流・国語授業とは

第二章
文学作品の技術

第三章
説明文の技術

第四章 詩の技術

第一章◉

白石流・国語授業とは

私の授業づくりの一端をご紹介いたしましょう。

なぜ、国語授業に技術が必要なのか

「国語の授業では何を教えてよいかわからない」といった声をよく聞きます。そうおっしゃる方は一度「国語授業の目的」を考えてみてください。国語を通してどんな子どもを育てたいか、と言い換えても構いません。

私が目指しているのは**「論理的思考ができる子どもを育てる」**ことです。これまでの国語の授業では、主人公の気持ちを発表したり、詳細に内容をなぞる活動はさかんに行われてきました。しかし、これらの授業では子どもたちは見たこと・感じたことを発表しているのであって、論理的に考えているのではありません。

あらゆる言語表現は論理にもとづいて書かれています。**論理的に書かれた言葉の世界を論理的に思考し、読み解くことが大切**なのです。**そのためには、教師が指導技術を身につけ、実践することが不可欠です。**

本書の第一章では、論理的な思考ができる子どもを育てるための技術を簡単に解説します。私が使っている理論や技術の概要です。そして、第二～四章で実際の授業でその技術をどのように使っているかを解説します。本書の通りに授業を進めようとしても、うまくいかないこともあるかもしれませんが、みなさんなりにこの技術を応用してみてください。

論理的思考ができる子どもを育てるには

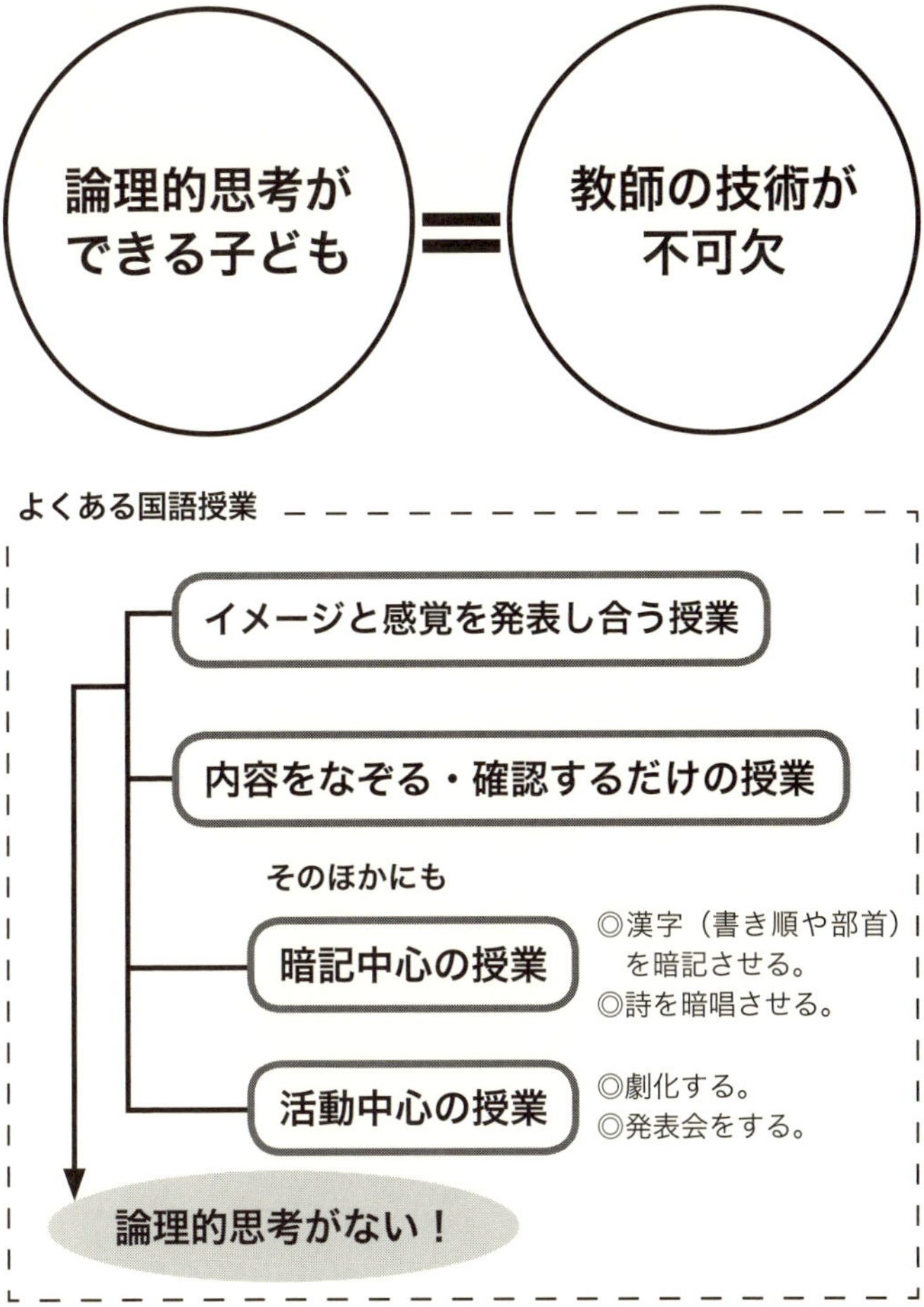

「用語」「方法」「原理・原則」

国語の力をつけるための土台となるのが「用語」「方法」「原理・原則」の習得です。この三つは他の教科では当然のように教えられていることですが、国語教育ではおろそかにされがちです。たとえば、「説明文の要旨をまとめる」授業を思い返してください。その際、「要旨」という「用語」は当然教えます。しかし、それをまとめるための「方法」や「原理・原則」をきちんと教えているでしょうか。

また、私はよく「物語に登場する人物の気持ちは作者にしかわからないのではないか」「いろいろな読み方や受け取り方があってもよいのではないか」という質問を受けます。個人的に読書を楽しむのならば、それでもよいと思います。しかし、国語の授業でそれを認めてしまえば、文学作品を学ぶ意味がありません。**国語の授業では「誰もが納得できる意見や感想」を導き出す読み解き方を教える必要があります。その土台になるのが「用語」「方法」「原理・原則」**なのです。

子どもたちが「用語」「方法」「原理・原則」の土台をしっかり身につければ、さまざまな場面でそれを活用できます。このような**「他へ転移できる力」を養うことも授業の大きな目的**です。

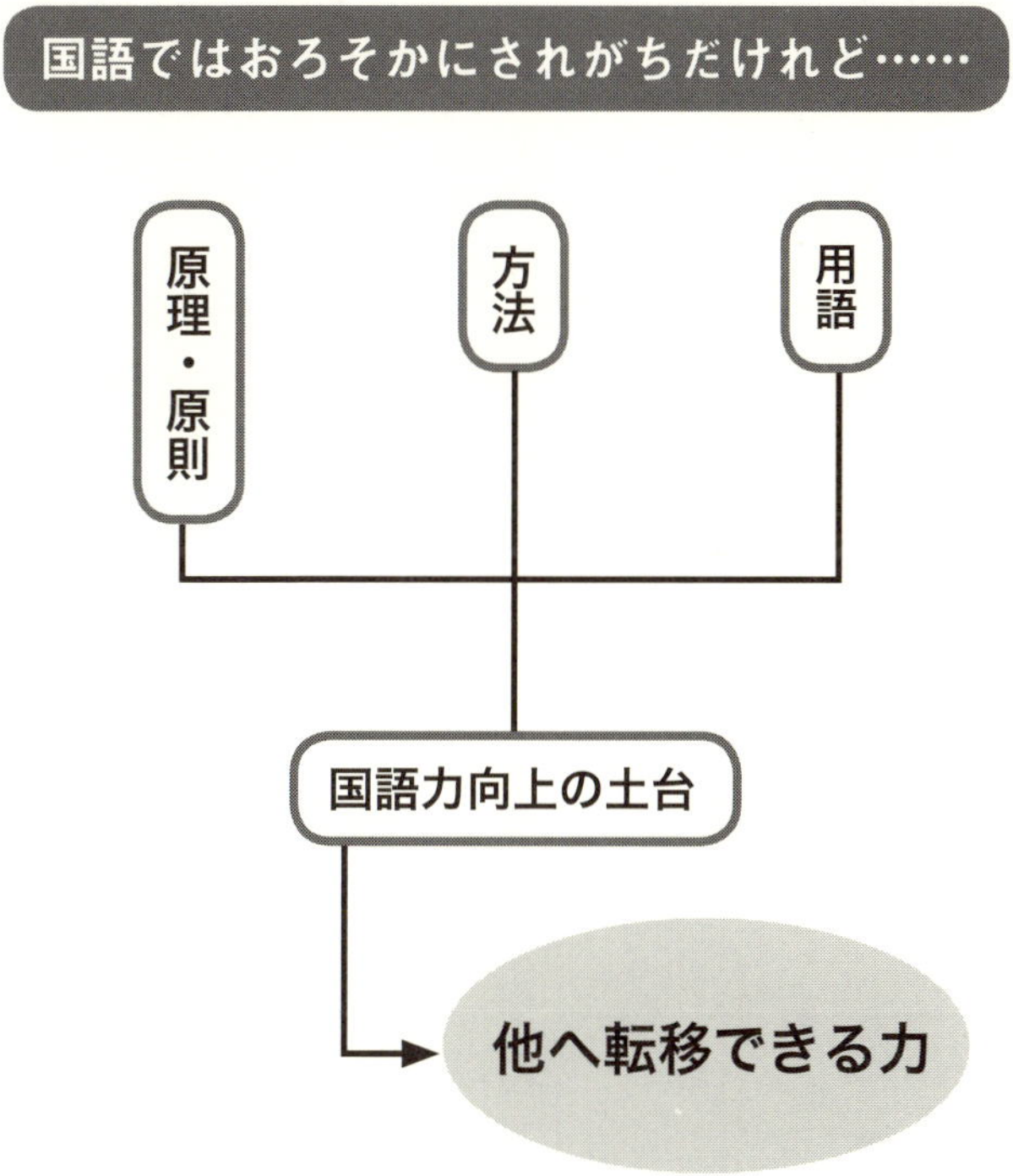
国語ではおろそかにされがちだけれど……
原理・原則
方法
用語
国語力向上の土台
他へ転移できる力

たとえば

理科で「てこ」を教える場合。

用語――――支点、力点、作用点など。

方法――――てこの使い方。または、てこの原理が利用されている場面の紹介など。

原理・原則――支点から力点までの距離が遠くなるほど、小さな力で持ち上げられる、など。

作品全体を理解する授業を

教材を第一段落から順に詳しく読み解いたのに「結局はどうなったのか」「作者が何を伝えたいのか」を、子どもたちが理解していない――こんな経験をしたことはありませんか。

宮沢賢治の「やまなし」の授業を考えてみてください。この作品では「クラムボン」や「イサドド」など、独特な単語が登場します。第一場面から詳細に読み解いて、これらの正体に迫るという授業を行う先生方もいるはずです。しかし、このような授業から子どもたちは何を学べばよいのでしょうか。次の授業に活用できることはあるのでしょうか。「クラムボン」や「イサドド」の解明は些細な問題です。重要なのは「やまなし」がどういう物語なのか、この作品を通して作者は何を言いたいのかを理解することです。

作品をぶつ切りにすると、つながり（因果関係）がわからなくなり、全体像がわからなくなってしまいます。「第一段落ではこういうことが書いてあったね。じゃあ、今日は第二段落を詳しく読むよ」という授業よりも、**作品全体を丸ごととらえる授業を意識すべき**なのです。

授業で教えるべき細かな点は教材によってさまざまですが、文学作品・説明文・詩というジャンルごとに大きな学習課題があります。私が考える「子どもたちに最終的に理解させたいこと」を左のページに挙げましたので、参考にしてください。

ジャンル別のおもな学習課題

文学作品

- 中心人物の変容
- 因果関係
- 作者の主張（主題）

説明文

- 問題・課題
- 事例・結論（答え）
- 筆者の主張（要旨）

詩

- 技法と効果
- リズム
- 作者の思い（テーマ）

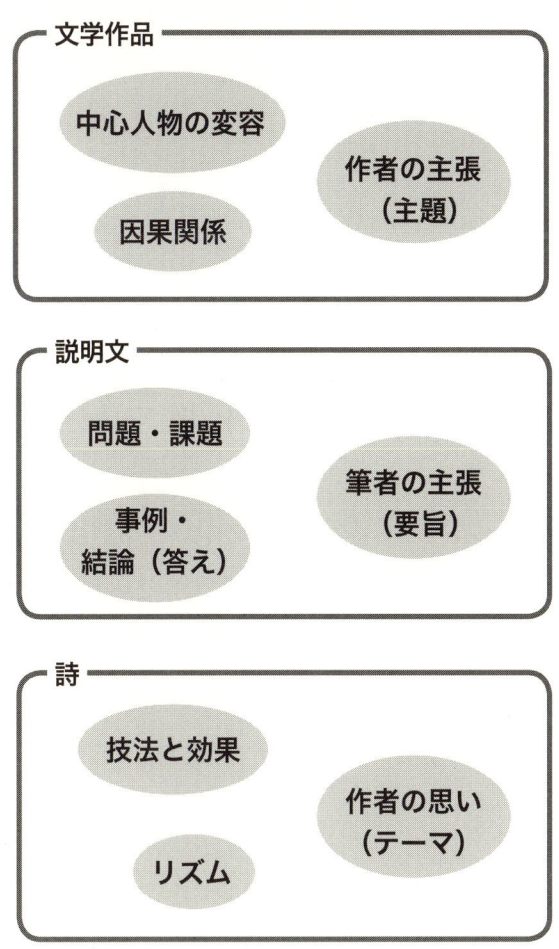

三段階の読みで誤解されがちなこと

三段階の読みは、作品をぶつ切りにせず、論理的に読み解くための方法です。まず重要なことは、最初に**「作品の全体をつかむ」**ことです。これが第一段階の読みです。誤解されがちなのですが、作品の全体とは、あらすじではありません。文学作品では時や場所、登場人物などの設定であり、説明文ではどんな話題・課題について書かれているか、などです。第一段階の読みを行う際、私は10の観点（↓14〜15ページ）を利用します。これを把握することにより、子どもたちが共通の土俵に上がり、次の段階に進むことができるのです。

第二段階の読みでは**「作品の細部」**を読み込みます。ここでも誤解が生じやすいのですが、細部を読むと言っても、最初から最後まで詳細に順番に読み解くわけではありません。ここでいう**細部とは、つながりやまとまりの細部**、という意味です。文学作品では因果関係、説明文では問いと答えや事例と結果の関係などに焦点を当てます。この段階では、逆思考の読みやアニマシオンゲーム、表をつくって読む、などの活動を行います。

第三段階の読みでは「全体」を読みます。第一段階も全体をつかむ読みでしたが、第三段階の読みは、より一般化するための読みです。つまり、筆者の主張（主題や要旨）に迫るために全体を読むのです。

三段階の読みのおもな内容

	文学作品	説明文
第一段階の読み（作品の全体をつかむ）	◎10の観点で読む ◎変容の概要をつかむ （作品の三部構成を読む）	◎10の観点で読む ◎内容を予測する （文章の三部構成を読む）
第二段階の読み（細部を読む）	◎逆思考の読み ◎アニマシオンゲーム （どんな順番？） ◎お話の図を読み解く	◎「中」をさらに分ける ◎事例や結果をつかむ ◎表などをつくり、読み解く
第三段階の読み（全体を読む）	◎中心人物の変容をとらえる （逆思考の読み、お話の図、一文で書くを利用する） ◎主題をとらえる	◎問い、事例、答え、まとめのつながりを読む ◎要旨をとらえる

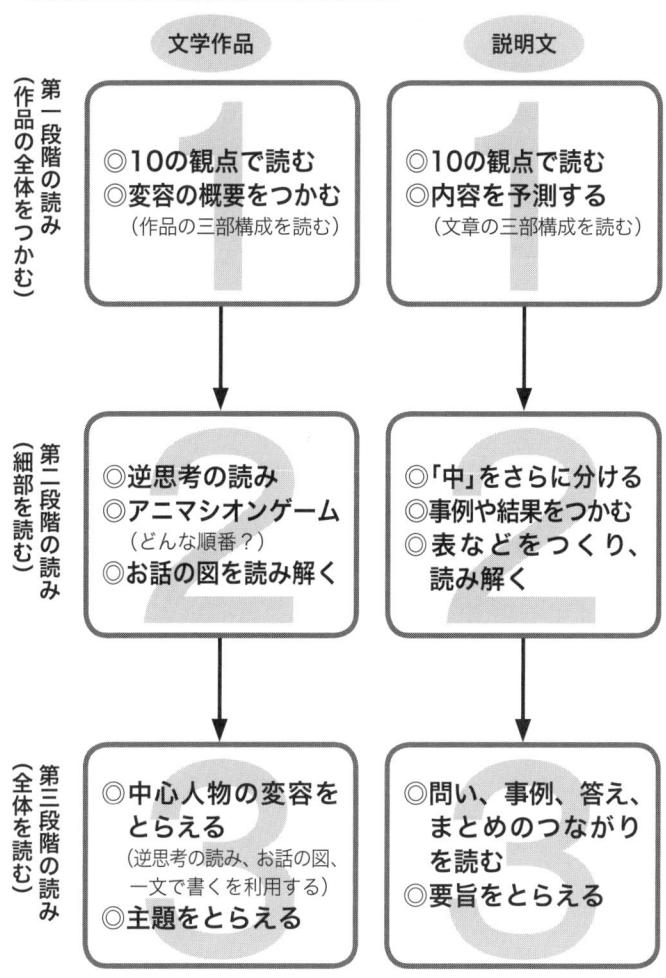

10の観点

10の観点は作品全体をつかむために必要な観点です。ただし、いつでも10の観点すべてを使って読むのではありません。その作品の特徴をとらえ、いくつかの観点を選択して読むことが重要です。文学作品と説明文の10の観点は次の通りです。

文学作品の10の観点

- **①時・場所**
  物語中の時間と場所の設定。
  一つとは限らない。
- **②登場人物**
  人間だけに限らず、作品の中で動いたり話したりする動物や物も含む。
- **③中心人物**
  作品の中で最も変容した登場人物。
  または、視点人物。
- **④語り手**
  誰の視点で描かれているか。
  一人称か三人称か。
- **⑤出来事**
  作品の中で描かれている事件など。
- **⑥大きく変わったこと**
  中心人物の状況や心情の変化に焦点を当てることが多い。
- **⑦三部構成**
  作品を「はじめ・中・おわり」に分ける。
- **⑧お話の図・人物関係図**
  作品が一目でわかるように表した図。
- **⑨一文で書く**
  作品全体を一文で表す。
- **⑩おもしろさ**
  作品の設定や言葉づかいなど、
  おもしろさを論理的にとらえる。

説明文の10の観点

①題名
題名から題材や話題などをつかむ。

②形式段落
いくつの形式段落に分かれているか。

③意味段落
いくつの意味段落に分かれているか。

④形式段落の主語
それぞれの形式段落が何について書かれているか。

⑤要点
形式段落ごとに大切な一文を抜き出し、まとめる。

⑥三部構成
作品を「はじめ・中・おわり」に分ける。

⑦問いと答え
問いはいくつあるか、どこにあるか。それに対する答えは何か。

⑧文章構成図
形式段落ごとの関係、つながりを表した図。

⑨事例（具体と抽象）
具体（実験・観察・調査・事例など）と抽象的なまとめは何か。

⑩要旨（主張）
筆者の主張をとらえる。

詩は次の５つの観点でとらえます。
①題名
②リズム
③中心語・文
④語り手
⑤技法と効果

作品を三つに分けるために

10の観点には、文学作品・説明文ともに**「三部構成＝作品を『はじめ・中・おわり』に分ける」**という活動があります。この活動を行うことで、**因果関係や変容、問いと答えと要旨の関係などをとらえやすくなります。**

文学作品を「はじめ・中・おわり」の三つに分けるには、左ページのような目安があります。**「はじめ」は中心人物の紹介や状況の説明**で、中心人物と対人物が出会う以前の部分です。多くの場合、「導入部」が「はじめ」にあたります。**「中」は中心人物と対人物が出会い、出来事や事件が起こる部分**です。「展開部」や「山場の部」が「中」にあたります。**「おわり」は中心人物が変容した結果を描写する部分**です。「終結部」が「おわり」にあたることが多いです。

また、説明文も構造を理解しておくと三つに分けやすくなります。説明文は基本的に、問題（話題）を提起し、実験・観察・調査・事例などの具体例を挙げて答えを導き、筆者の主張（要旨）を書きます。「はじめ」は問題や話題の部分、「中」は実験など具体例や答え、「おわり」は要旨にあたります。文章の構造から探りにくい場合は、「問いと答えの関係」を見る技術や「主語連鎖」（↓104、108ページ）も利用しましょう。

三部構成の原理・原則

文学作品

- **はじめ**
  - ◎中心人物の紹介・状況の説明。
  - ◎中心人物と対人物は出会っていない。
- **中**
  - ◎中心人物と対人物が出会う。
  - ◎出来事や事件が起きる。
- **おわり**
  - ◎中心人物が変容した結果。
  - ◎抽象的なまとめの表現。

説明文

- **はじめ**
  - ◎問題や話題の提示。ただし、問題が「中」にくる場合もあります。
- **中**
  - ◎実験・観察・調査・事例等を挙げ、答えを示す。
- **おわり**
  - ◎要旨（筆者の主張）。

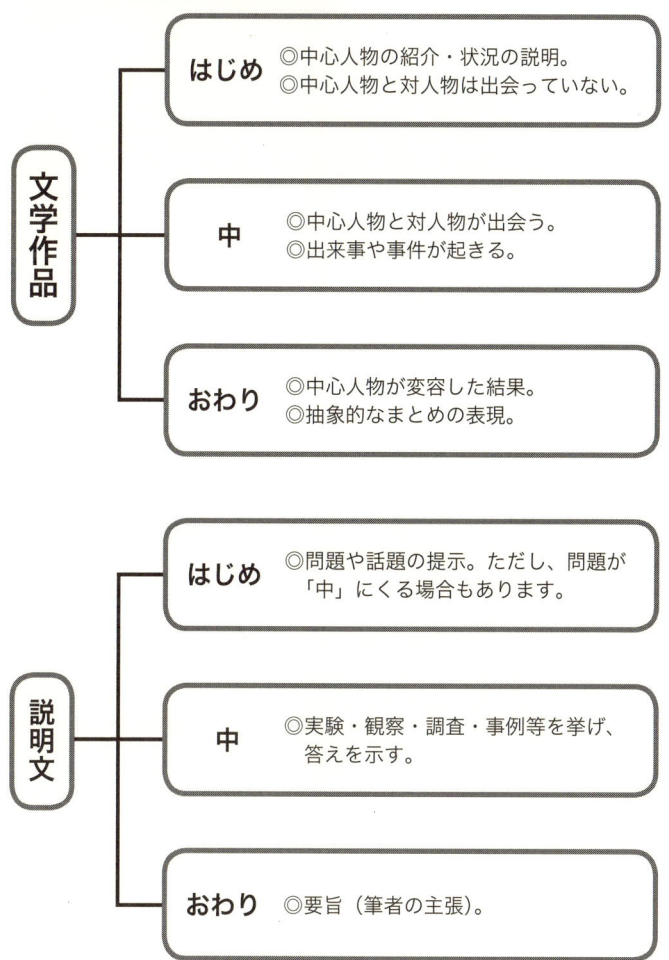

逆思考の読み

私は文学作品の第二段階の読みで、**「逆思考の読み」**をよく行います。**「逆思考の読み」**とは**作品の結末から最初に向かって、問いと答えをつくり自問自答しながら読み解いていく活動**です。子どもたちには「うしろ読み」と言っています。

「逆思考の読み」を行う際は、まずノートや黒板の右端に中心人物の最初の状況（初めの柱）を、左端には中心人物が変容した結果（終わりの柱）を書きます。次に、終わりの柱に対する問いと、それに対する答えを書きます。さらに、出てきた答えに対する問いをつくり、答えます。これを繰り返すことで、初めの柱の状況にまでたどり着きます。

作業が終わったら、ノートや黒板を確認してください。文学作品を学習するうえで重要なこと、すなわち**因果関係や物語の流れが一目でわかるようになっている**はずです。

作品の初めから終わりに向かって読み解く通常の学習は、物語の概略をなぞり、内容を確認するだけで終わってしまいがちです。つまり、論理的思考を伴わない授業なのです。一方、「逆思考の読み」では、「なぜ、こうなったのか」を繰り返し考えるため、論理的に思考する訓練ができるのです。

逆思考の読み

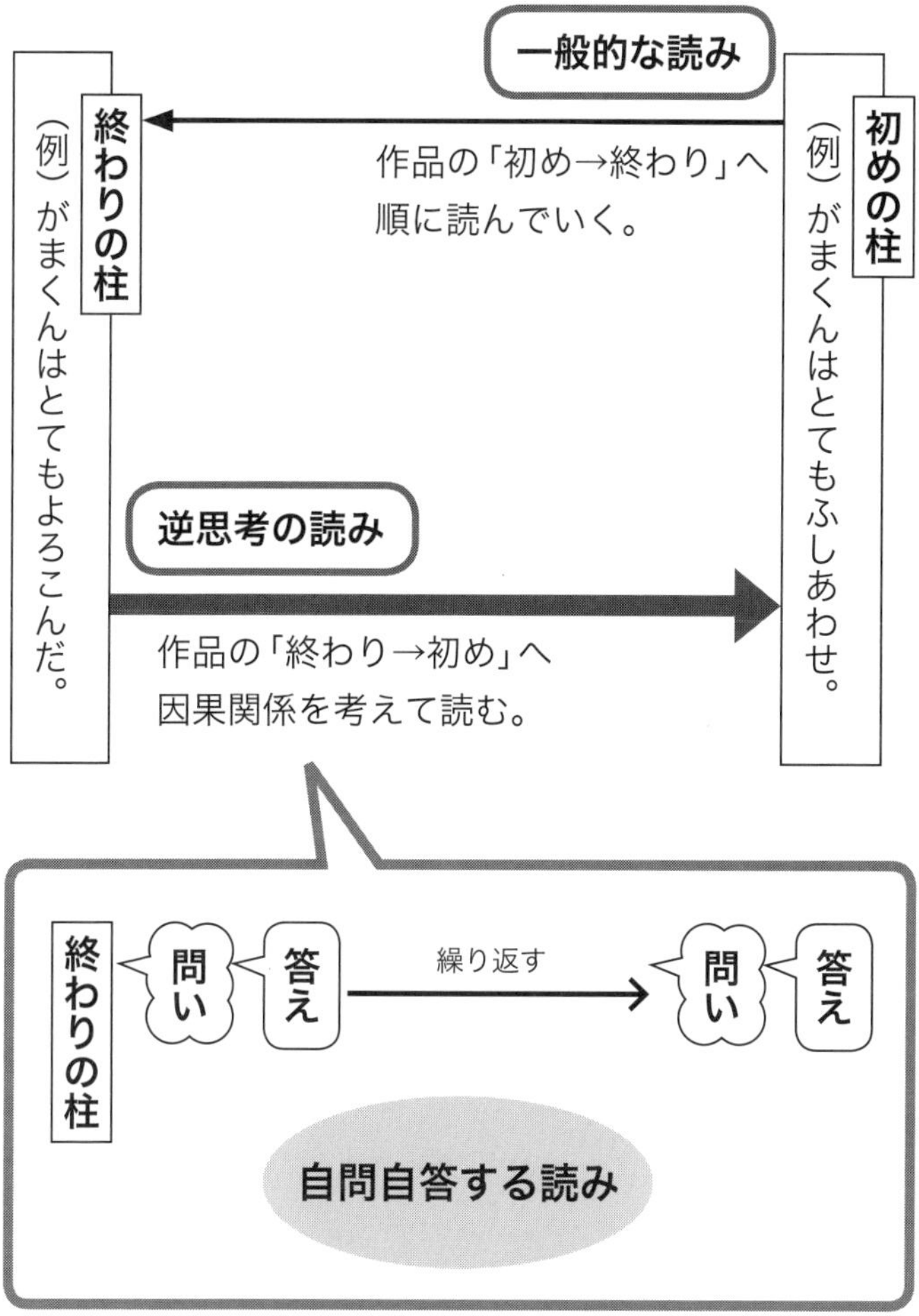
一般的な読み
初めの柱
(例) がまくんはとてもふしあわせ。
作品の「初め→終わり」へ
順に読んでいく。
終わりの柱
(例) がまくんはとてもよろこんだ。
逆思考の読み
作品の「終わり→初め」へ
因果関係を考えて読む。
終わりの柱
問い
答え
繰り返す
問い
答え
自問自答する読み

具体と抽象

説明文の10の観点には「事例（具体と抽象）」という項目があります。具体と抽象は論理的な思考を行ううえで大切なことですし、それらをおさえることは筆者の主張を理解することにもつながります。

授業では**表をつくって、それを読む（まとめる）**という活動をよく行います。国語の授業で表をつくるときは、ふつう縦軸、横軸の項目を教師がつくったワークシートを配り、中の空欄を埋めることが多いと思います。しかし、それでは作品の概略をなぞり、内容を確認するだけの授業になりがちです。

私の授業では**縦軸・横軸の項目をつくるのも子どもたち**です。基本的な決まりとして横軸には作品の中に挙げられている具体（事例など）や比較しているものをとり、縦軸には抽象（横軸に共通する内容）をとる、と指導しています。

子どもたち一人ひとりに表をつくらせると、縦軸はだいたい同じになりますが、横軸はバラバラになることも多いです。そこには子どもたちの思考の過程が現れています。おもしろい考えをしている子や、みんなと違った考え方をしている子の表を例示し、「Aくんはこう書いているんだけど、どうかな？」と、問いかけることで子どもたちの思考をゆさぶることもできます。

具体と抽象を読み解くために

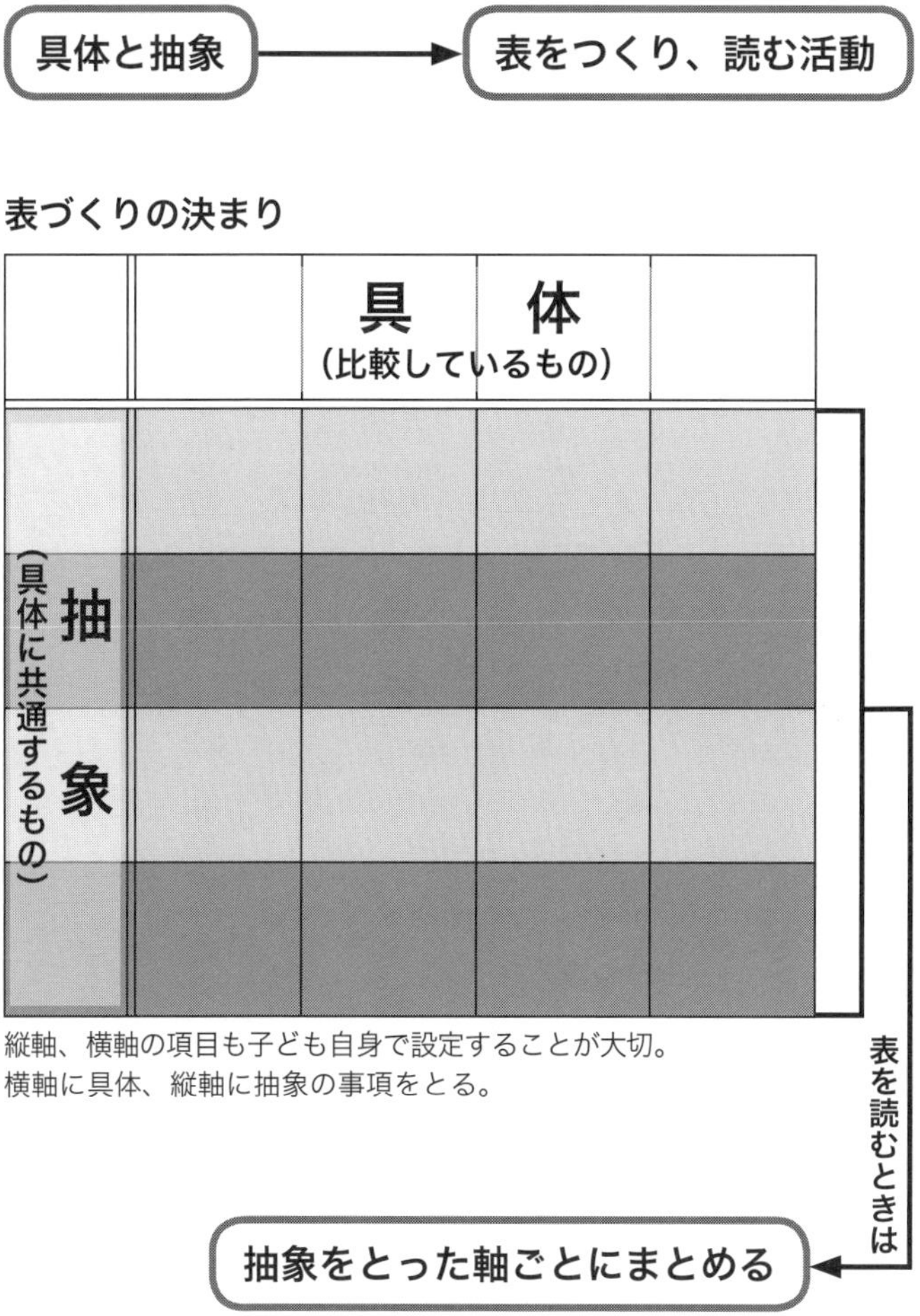
具体と抽象
表をつくり、読む活動
表づくりの決まり
具　体
（比較しているもの）
抽　象
（具体に共通するもの）
縦軸、横軸の項目も子ども自身で設定することが大切。
横軸に具体、縦軸に抽象の事項をとる。
表を読むときは
抽象をとった軸ごとにまとめる

教材研究では教材の「仕組み」を読む

論理的思考ができる子どもを育てるには、教師自身が教材を論理的にとらえていなければいけません。**教材の論理とは、その教材が持つ特徴、つまり「仕組み」のことです。**教科書には子どもたちにつけさせたい力にあわせて、さまざまな「仕組み」の教材が掲載されています。ですから、それぞれの教材の「仕組み」を読み解くことに重点をおいた教材研究が大切なのです。これができていないと、授業の目的が曖昧になり、毎回同じような授業になってしまいます。

私の教材研究は、基本的には子どもたちが教材を読み解く方法と同じです。まずは10の観点で教材をとらえ、逆思考の読みなどを行って因果関係や伏線をとらえ、主題や要旨を考えます。**既成の指導案にとらわれずに一度、自分で読み解いてみると、「何を教えるべきか」「注意する点は何か」などが見えてくる**はずです。

また、**教材研究で大切なことは、何と言っても「読む」ことです。**私は教師になって三十年以上たちますが、新しい単元に入る前には、今でも必ず教材を読み返します。授業での子どもたちとのやりとりなどを踏まえて読むと、「あの子は、ここにある『それ』がわからなかったんだな」など、新たな発見があるのです。

教材研究のコツ

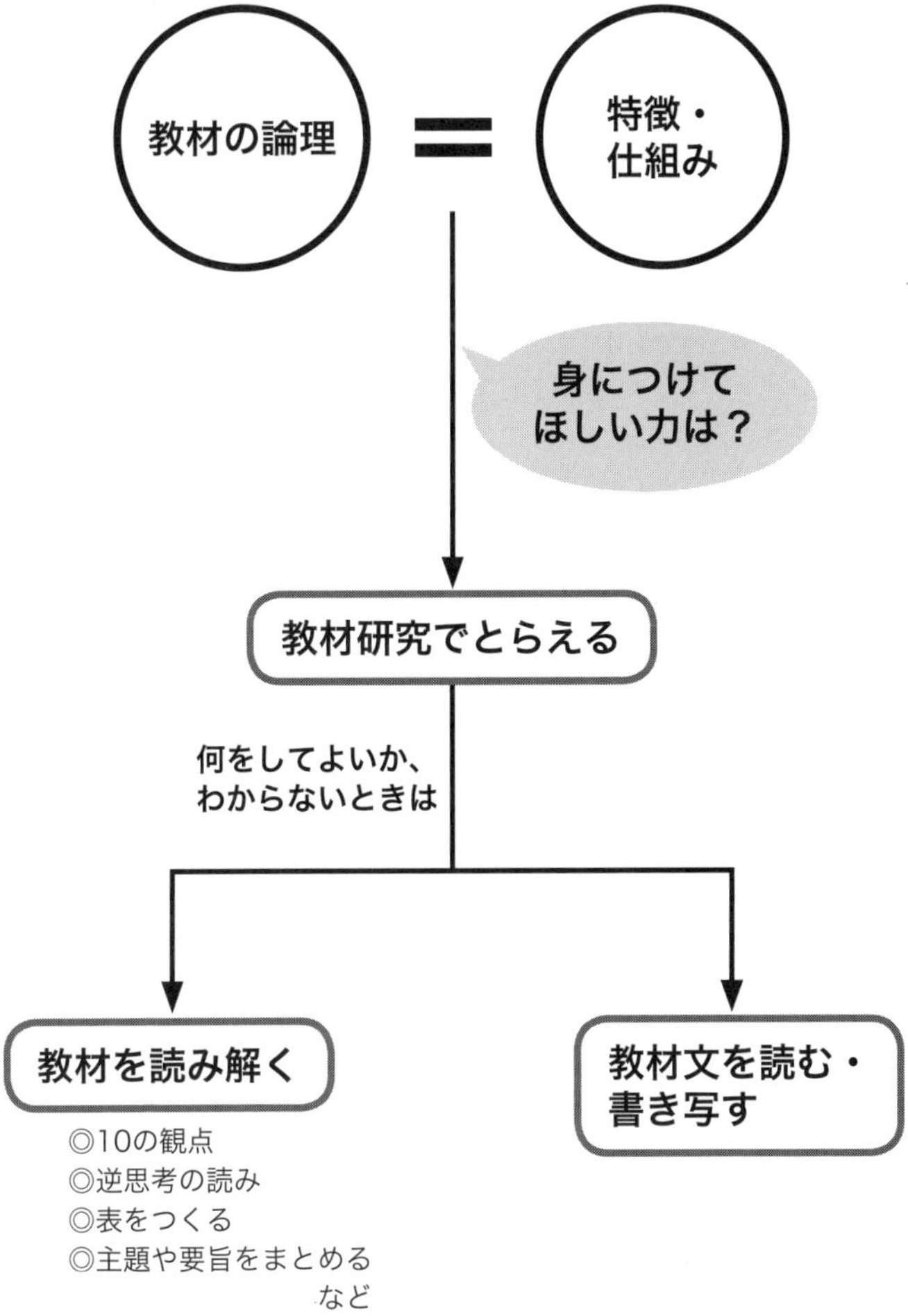
教材の論理
特徴・
仕組み
身につけて
ほしい力は？
教材研究でとらえる
何をしてよいか、
わからないときは
教材を読み解く
◎10の観点
◎逆思考の読み
◎表をつくる
◎主題や要旨をまとめる
など
教材文を読む・
書き写す

板書とノート

板書の大きな目的は「授業の流れを残し、思考の過程をたどることができるようにすることです。子どもたちが授業中に黒板を見て、「今は何についての議論だったかな」「Aくんの意見はどんなのだったかな」など、内容を確認しながら積極的に授業に参加できるようにするためです。ですから、子どもたちから挙がる意見はできるだけ板書し、たとえ間違っていても消さないようにしています。

子どもたちのノートの書き方においても重要なことは同じです。ノートをとるのは、板書をきれいに書き写すためではありません。**大切なのは授業の流れ、自分の思考過程が一目でわかること**です。「ノートはきれいだけれど、理解が不十分」では本末転倒なのです。

子どもたちの中には、ノートをきれいに書くことにとらわれすぎて、教師の話や友達の意見などを聞いていない子もいます。そのようなときは「鉛筆をおきなさい」「ノートを閉じなさい」と指導します。みんなで意見を出し合い議論するときはそれに集中させ、ノートをとる時間は改めてつくるのです。どうしても時間がないときは次の日まで板書を消さずに残しておくこともあります（ただし、次時の授業に支障をきたさない場合に限ります）。

板書・ノート指導のコツ

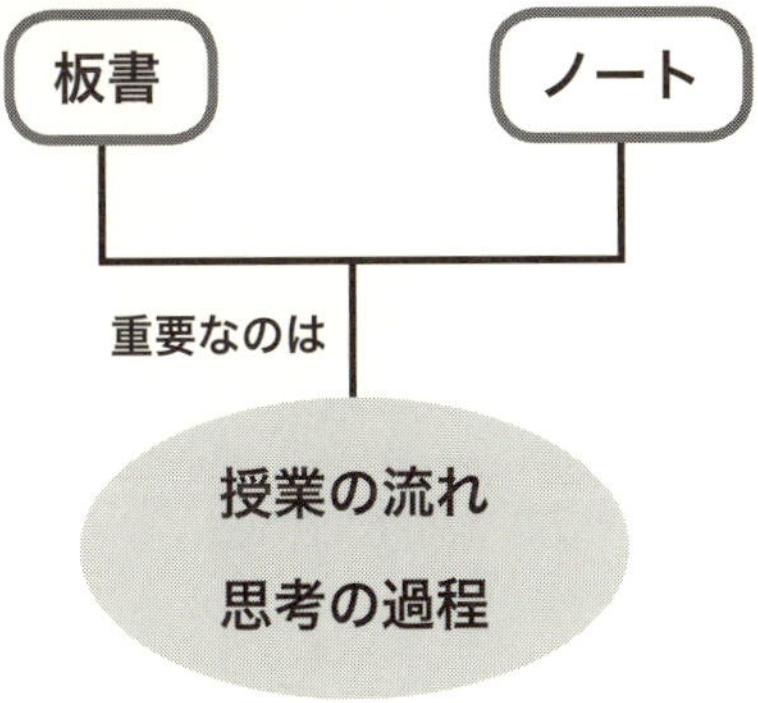

白石流板書のルール

授業内容によって、違う使い方をすることもあります。

右端——発問を書き、授業の方向性を示す。
中央——子どもたちの意見など、授業の内容を書く。子どもたちに板書させる場合は、下段の三分の一くらいを空けておくとよい。
左端——授業の結果やまとめを書く。余裕があれば次時の予告も書く。

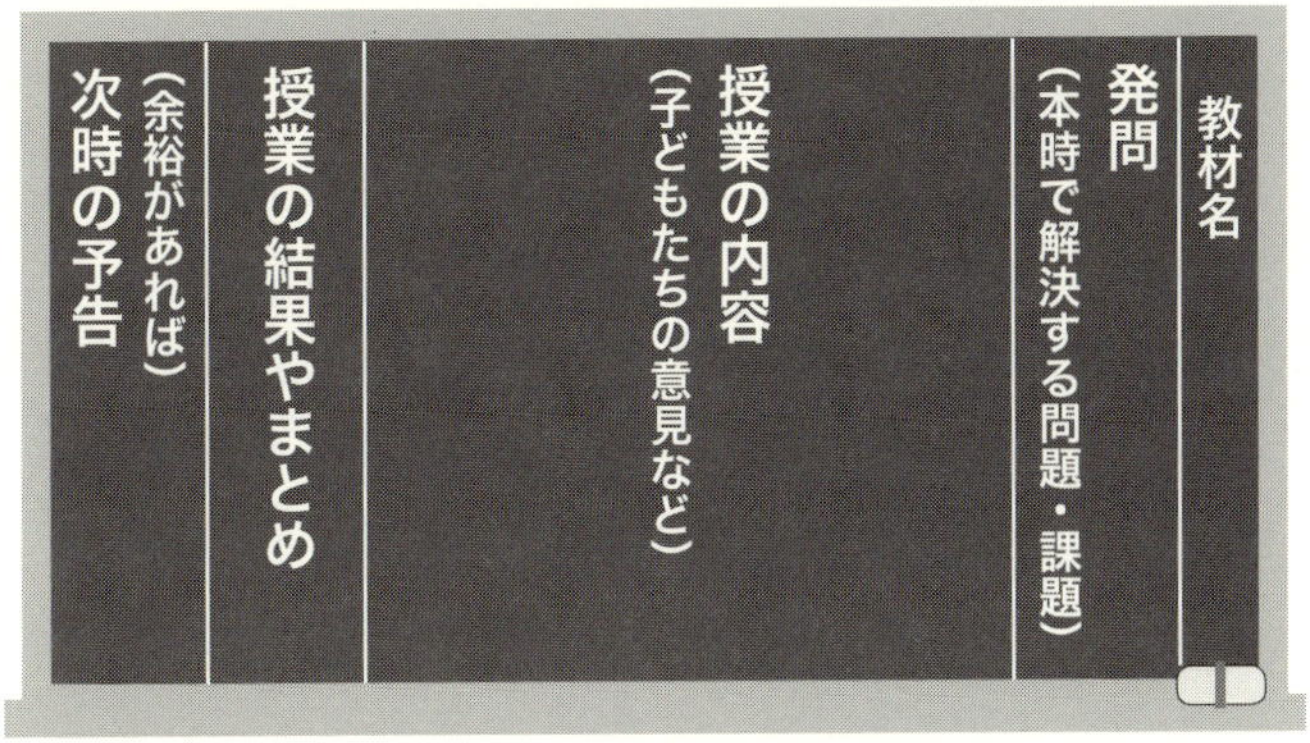

※第二～四章では板書のイメージを示してあります。実際の板書に補足したり、抜粋した部分もありますので、あくまでも目安とお考えください。

子どもが活発に発言する授業をつくるには

私の授業をご覧になった方は、子どもたちが活発に発言しているので驚かれるかもしれません。実際、子どもたちからの意見が多すぎて、「ちょっと待って」と議論を途中で止めることもしばしばです。教師がしゃべって、子どもたちは黙々とノートをとる。そんな授業はおもしろくありませんし、何よりも子どもたちが考えない授業になってしまいます。私は**子どもたちの議論によってつくりあげる授業こそが大切**だと考えています。

このような授業は自然に生まれるものではありません。私が子どもたちによく言うのは、**「友達が意見を言ったら必ず反応しよう」**ということです。自分の考えとくらべながら聞き、「うなずく」「首をかしげる」という動作や、つぶやきで表現できるようにします。それが論理的思考をすることにつながるからです。

ある子の意見がわかりにくかった場合、私は「Aくんの言ったことがわかる人」と、クラス全体に問いかけます。また、一人の意見に対し「あっ！」や「あ〜（そうだったのか）」という、つぶやきが漏れたときにも、すかさず「何が『あ〜』なの？」などと、その理由を発表させる機会をつくります。こうすることによって、他人の意見を自分の頭で再構成し、理解を深めることができるのです。

子どもの意見が活発に出る授業づくり

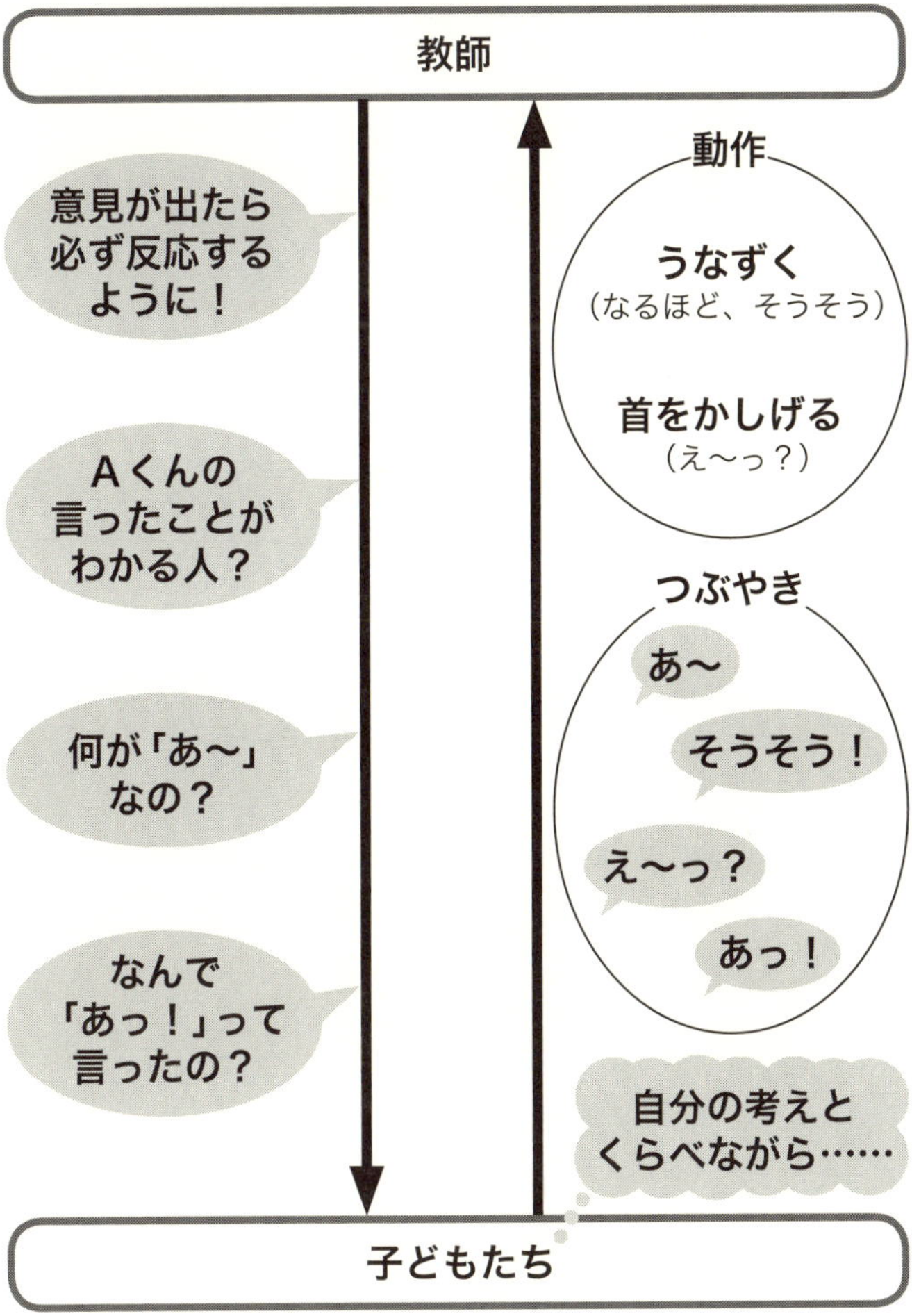

第二〜四章では、
◎「Step1 教材を知ろう」
◎「Step2 流れをつかむ」
◎「Step3 指導のコツ①」
◎「Step4 指導のコツ②」
◎「Step5 これでバッチリ！」
と、5つのステップで
白石流授業を
紹介しています。

第二章◉

文学作品の技術

文学作品の授業では
さまざまな方法で
因果関係を探ります。

お手紙（光村図書二年下）

中心人物の原理・原則を理解する授業

「お手紙」は、こんな教材

この作品は登場人物の変容が比較的わかりやすく描かれています。「かなしい」「しあわせ」「うれしい」など、感情を表す表現が直接的だからです。また、登場人物の気持ちが「かなしい→うれしい」と直線的に流れることも理解しやすい要因です。

しかし、**登場人物によって「かなしさ」「うれしさ」の内容が違います。そこを理解することが、この作品のポイント**です。

単元計画案

次	時	学習活動
一	1	◎中心人物、物語の設定を読む。 ◎「一文で書く」から、お話の全体を読む。
	2	◎中心人物を心の変容から読む。 ◎中心人物を明確にして、お話を「一文で書く」。
二	1	◎初めの柱と終わりの柱を決めて、逆思考の読みを行う。
	2	◎誰のどのような心が、どのように変わったかを読む。
	3	◎架空の人物を設定し、かえるくんの手紙の内容と心を読む。
三	1	◎がまくんの心の変容を読む。 ・手紙を初めてもらった喜び。 ・すてきな手紙を書いてくれた親友のありがたさ。

この授業をクローズアップ

教材研究のポイント

①登場人物の変容

がまくんと、かえるくんは二人とも「かなしい」から「うれしい」に変容しています。どんな「かなしさ」「うれしさ」なのかを、それぞれについてまとめましょう。

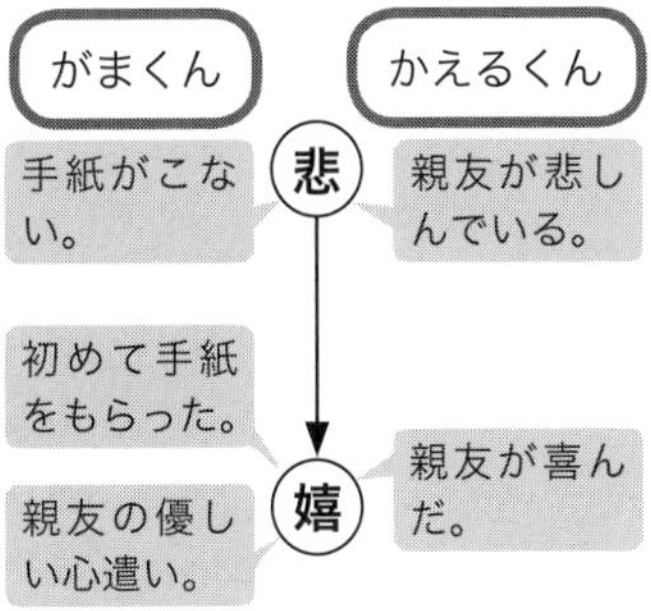
がまくん
かえるくん
悲
手紙がこない。
親友が悲しんでいる。
嬉
初めて手紙をもらった。
親友の優しい心遣い。
親友が喜んだ。

②中心人物

「いちばん大きく心が変わった人＝中心人物」の原理・原則から、中心人物は「がまくん」であることを確認します。

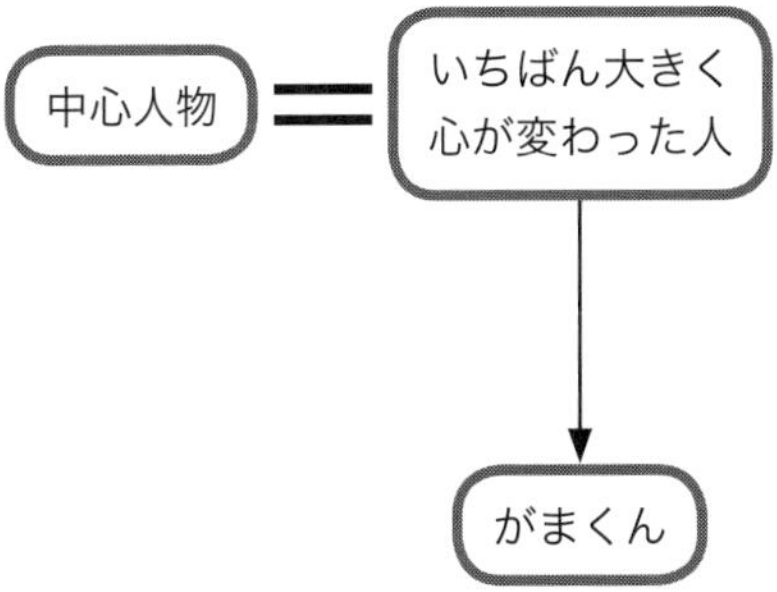
中心人物
いちばん大きく心が変わった人
がまくん

③逆思考の読み

中心人物の最初の状況を「初めの柱」、変容後の状況を「終わりの柱」にします。「問い→答え→問い」を繰り返します。

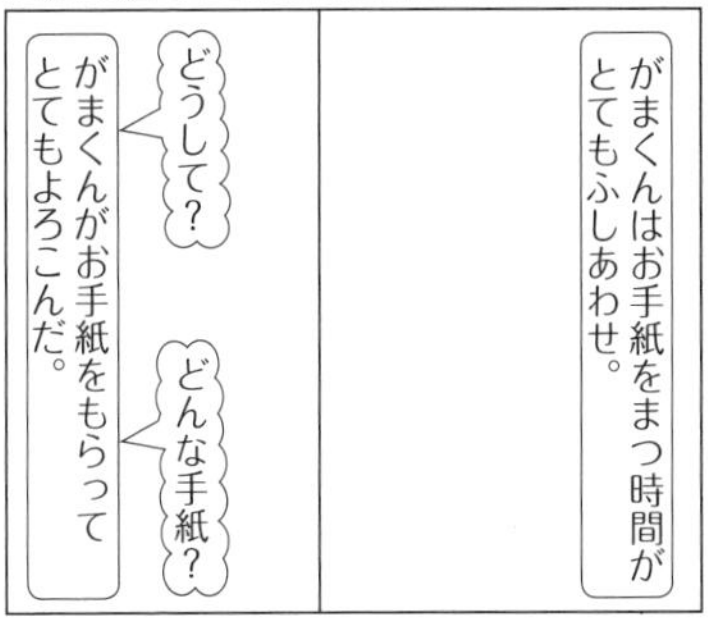
がまくんはお手紙をまつ時間がとてもふしあわせ。
どんな手紙？
どうして？
がまくんがお手紙をもらってとてもよろこんだ。

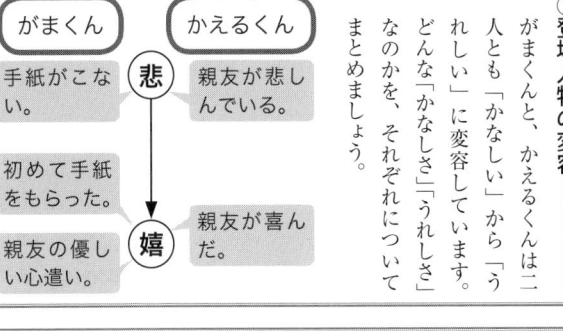

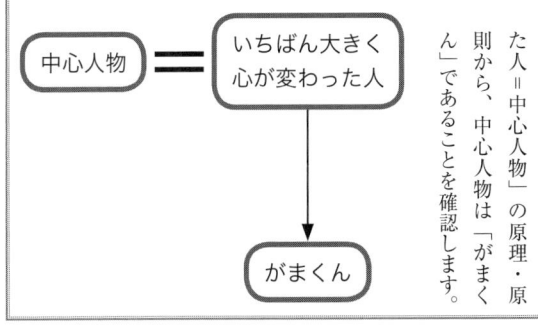

この授業のキモはここ!

「『お手紙』の中心人物は?」と問われると、大人でも迷うはずです。実際、私が講演会や公開授業で先生方に質問すると「がまくん」「かえるくん」「がまくんとかえるくん」という三通りの答えが出ます。この作品の中心人物は「がまくん」です。中心人物は「最も大きく変容した(心が変わった)登場人物」だからです。ただし、このように教えても「がまくんとかえるくんが中心人物だ」という考えを捨てきれない子もいるはずです。たしかに、二人とも気持ちが変わっていますから、その意見もわからなくはありません。しかし、**「逆思考の読み」を行えば、大きく心が変わったのがどちらなのかは理解できる**はずです。

話は少し逸《そ》れますが、中心人物について議論していると、ある子から「先生はいつも題名が大切だと言っている。題名にあるお手紙を出したのはかえるくんなので、中心人物はかえるくんだ」という意見が出ました。この子は中心人物の「原理・原則」や、それを見つける「方法」から考えると、少し離れてしまっています。しかし、論理的な思考ができていますし、「他へ転移できる力」が身についています。これが国語の授業で大切なことなのです。このような力を養うために、私は意見を発表するときは「○○だと思います。なぜなら(だって)……」という言い方をするように指導しています。「低学年ではまだ難しい」ではなく、「低学年のうちから指導していく」ことが大切なのです。

授業の流れ

5分 みんなで読む。

がまくんは、げんかんの前に……

20分 登場人物を確認し、中心人物を見つける。

中心人物は誰かな？
がまくん
かえるくん

指導のコツ①
（34ページ）

10分 一文で書く。

このお話を一文で書くとどうなるかな？

指導のコツ②
（36ページ）

10分 「逆思考の読み」の準備をする。

がまくんはお手紙をまつ時間がとてもふしあわせ
がまくんは、最後にどうなった？

※第二～四章では45分授業での時間配分を示してありますが、あくまでも目安とお考えください。

中心人物を見つける

中心人物の原理・原則は「物語の中で最も大きく変容した人物」です。低学年の子どもには「お話の中でいちばん心が変わった人だよ」と教えてください。

こういった説明をすると、「最初は二人とも『かなしい気分』だったのが、最後は『ふたりとも、とてもしあわせな気もち』になったから、がまくんとかえるくんが中心人物だ」という意見が挙がるでしょう。しかし、「ふたりともしあわせ」なのは、お手紙を待っている間、物語が結末を迎える前です。最後の一文に「お手紙をもらって、がまくんは、とてもよろこびました。」とあるので、中心人物は、がまくんだけなのです。また、心の変わり方はどちらが大きいかを考えると、理解が深まるでしょう（↓38ページ）。

また、**「語り手＝中心人物」ですので、語り手は誰の立場で語っているのか、から考える方法**もあります。しかし、「お手紙」では中心人物の変容を考えたほうが簡単です。

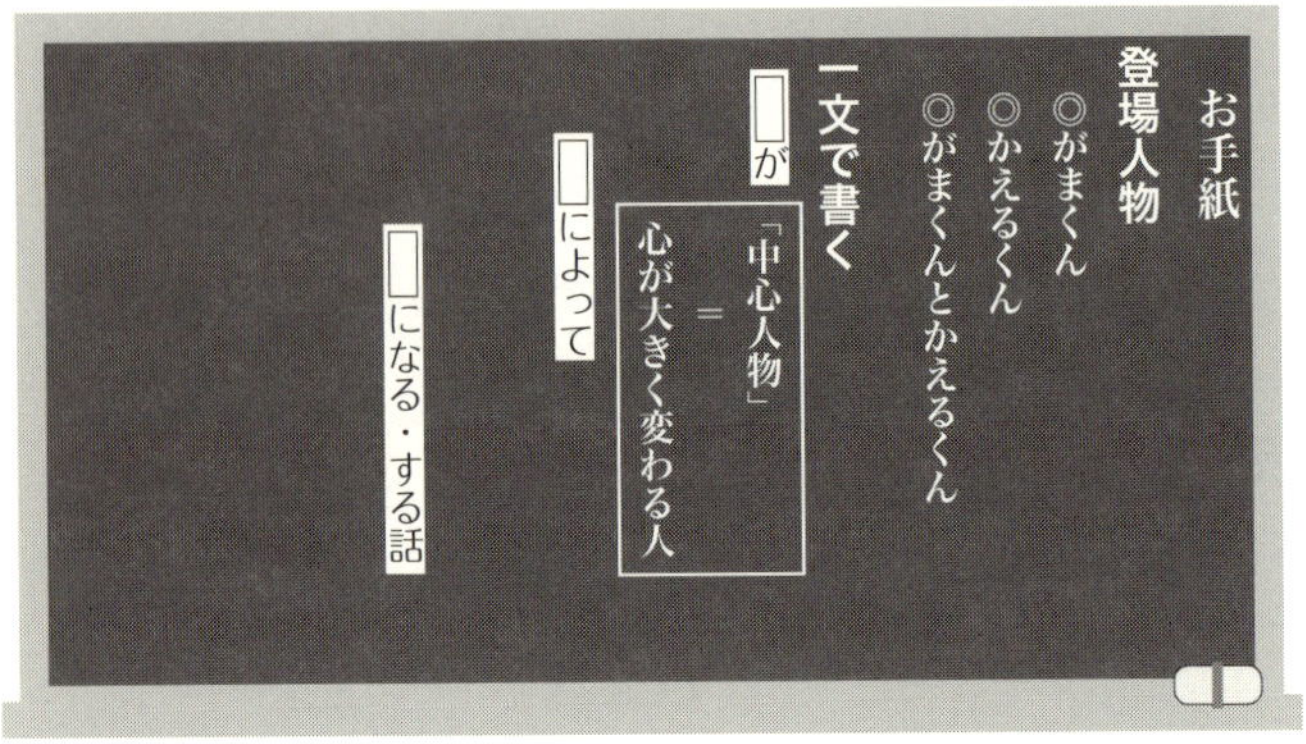
お手紙
登場人物
◎がまくん
◎かえるくん
◎がまくんとかえるくん
一文で書く
「中心人物」＝心が大きく変わる人
□が
□によって
□になる・する話

このお話の中心人物は？
がまくん
かえるくん
二人とも！
中心人物には、どんな決まりがあったかな。
中心人物
お話の中で心が大きく変わった人。
なるほど！
心が大きく変わったのは誰？
がまくん
がまくん
がまくん

架空の人物を登場させる

私は「一文で書く」授業をする際、最初に架空の人物を設定して「答えの選択肢」を提示します。子どもたちの答えを材料にして授業を進められればよいのですが、低学年では想定通りの答えが出てくるとは限りません。また、ここだけに時間を割《さ》けないという事情もあります。

私がある授業で用意した選択肢は次の三つです。

太郎……かえるくんががまくんに手紙を出したことによって、ふたりともしあわせな気もちになった話

次郎……かえるくんががまくんに手紙を書いたことによって、がまくんがよろこんだ話

良子《よしこ》……がまくんがかえるくんから手紙をもらうことによって、うれしくなる話

実は、これはどれも正解ではありません。子どもたちはそこに気づき、「がまくんがかえるくんから手紙をもらうことによって、よろこんだ話」という一文を導きました。

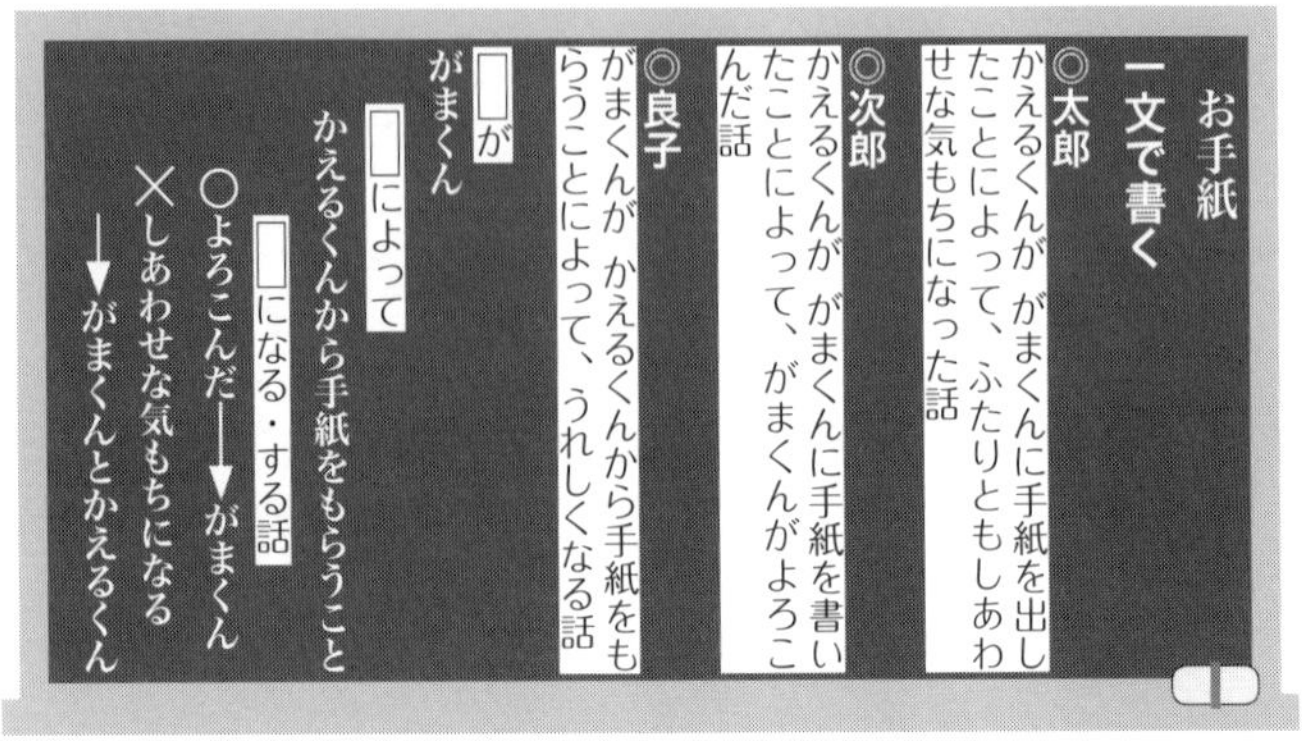
お手紙
一文で書く
◎太郎
かえるくんが がまくんに手紙を出したことによって、ふたりともしあわせな気もちになった話
◎次郎
かえるくんが がまくんに手紙を書いたことによって、がまくんがよろこんだ話
◎良子
がまくんが かえるくんから手紙をもらうことによって、うれしくなる話
□が
がまくん
□によって
かえるくんから手紙をもらうこと
□になる・する話
○よろこんだ→がまくん
×しあわせな気もちになる→がまくんとかえるくん

架空の人物を設定して……。
太郎 かえるくんが がまくんに手紙を出したことによって、ふたりともしあわせな気もちになった話
次郎 かえるくんが がまくんに手紙を書いたことによって、がまくんがよろこんだ話
良子 がまくんが かえるくんから手紙をもらうことによって、うれしくなる話
どのお友達の意見がいいか、考えてみてください。
良子さんはちょっと変えれば正解。
「うれしくなる」じゃなくて、教科書には「よろこびました」と書いてある！
がまくんがかえるくんから手紙をもらうことによって、よろこんだ話。
good!

登場人物の変容を探るための「逆思考の読み」

中心人物を考えるためには**登場人物がどう変容したのか**を理解しなければいけません。そのためには、**作品全体を丸ごとつかむ**必要があります。

そこで私は「一文で書く」授業の次に「逆思考の読み」で、がまくんとかえるくんの気持ちの変化を確認します。まずは最初の状況「がまくんはお手紙をまつ時間がとてもふしあわせ」と、最後の状況「がまくんがお手紙をもらってとてもよろこんだ」を柱とします。そして、終わりの柱に対する問い「どうしてよろこんだ？」「どんな手紙？」などをつくり、答えを探します。あとは問いをつくる→答えを探す、を繰り返します。がまくん、かえるくんの変容は次の通りです。

がまくん……**変容前**「手紙がこなくて悲しい」
変容後「初めて手紙をもらってうれしい」＋「かえるくんの優しさがうれしい」

かえるくん……**変容前**「親友のがまくんが悲しんでいるので、悲しい」
変容後「がまくんの悲しみを癒すことができて幸せ」

このようにまとめることができれば、より大きく心が変わった＝中心人物はがまくんであることを理解しやすくなるでしょう。

この単元のまとめ

ねらい
①登場人物の変容をとらえ「一文で書く」。
②作品を丸ごとつかみ、中心人物を理解する。

中心人物は「お話の中でいちばん大きく心が変わった人」です。

子どもたちに選択肢を提示し、思考をゆさぶりましょう。ただし、教師が選択肢を示すと、子どもの発想を狭めてしまう可能性もあります。使い方、タイミングには注意が必要です。

こちらも参考に！

『白石範孝の国語授業の教科書』
→ 34、46、50、52、54、56、116 ページ

きつねのおきゃくさま（教育出版二年上）

中心人物の変容をとらえる授業

「きつねのおきゃくさま」は、こんな教材

この作品も「お手紙」のように、中心人物である、きつねが変容します。ただし、「お手紙」ほど単純な変容ではありませんので、**段階を踏んで変容していく過程を読み解く**必要があります。

そうかといって、変容が複雑なわけではありません。作品が変化を伴った繰り返し構造で構成されていますので、きつねの変容を比較的簡単にとらえることができるはずです。

単元計画案

次	時	学習活動
一	1	◎登場人物を確認し、中心人物と対人物をとらえる。
	2	◎アニマシオンゲームなどを行い、作品の流れを把握する。 ◎中心人物の変容をとらえ、初めの柱と終わりの柱をつくる。
二	1	◎逆思考の読みを行い、中心人物が変容した因果関係を考える（時間が足りなければ次時の前半も使う）。
三	1	◎おもしろさを考える。 ◎各自が感想をまとめる（宿題でも可）。

この授業をクローズアップ

教材研究のポイント

①構成を理解する

ひよこ、あひる、うさぎが登場する場面の基本構造は同じです。楽しく読みやすいというほかに、変化した部分が強調されるという効果もあります。

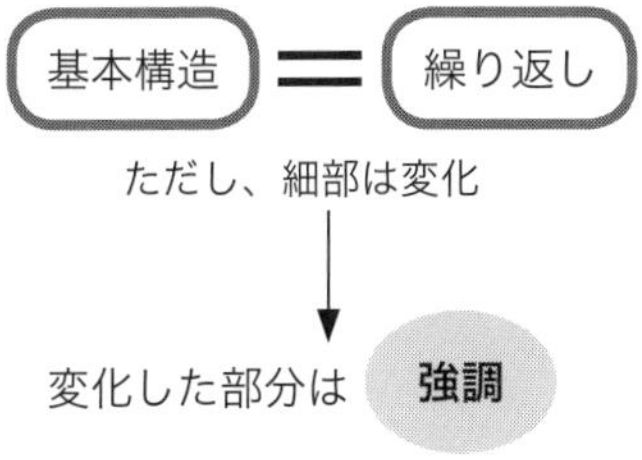
基本構造
繰り返し
ただし、細部は変化
変化した部分は
強調

②登場人物の変容

繰り返し構造の場面を比較することで、きつねの変容がわかりやすくなります。また、繰り返し構造により、クライマックスの場面が、より強調されています。

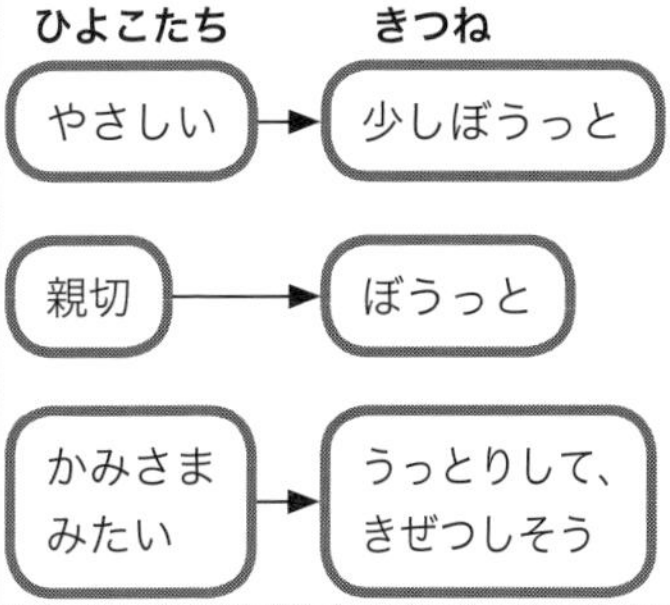
ひよこたち
きつね
やさしい
少しぼうっと
親切
ぼうっと
かみさまみたい
うっとりして、きぜつしそう

③おもしろさ

繰り返しのおもしろさだけでなく、「むかしむかし、あったとさ」など、民話風の語り口や、読者は知っているけれど登場人物は知らない、といったおもしろさなどがあります。

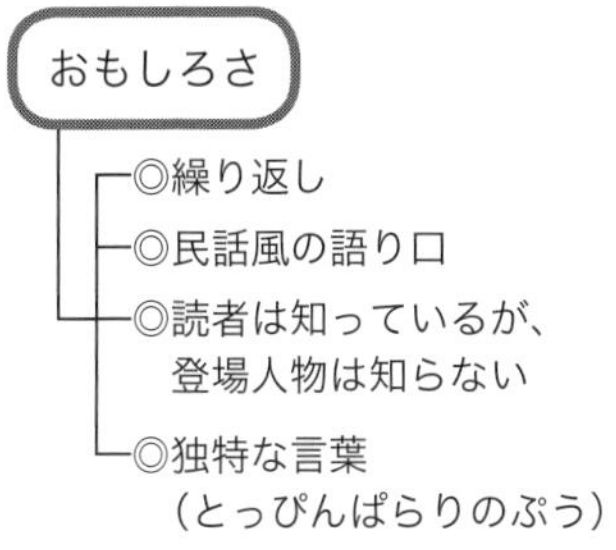
おもしろさ
◎繰り返し
◎民話風の語り口
◎読者は知っているが、登場人物は知らない
◎独特な言葉（とっぴんぱらりのぷう）

この授業のキモはここ!

二次1時の授業では逆思考の読みを行います。**教科書を順番に読み解いていたのではわかりづらい、きつねの徐々に変化する気持ちをつかむため**です。また、**なぜきつねが変容したのか、その因果関係にも注目しやすくなります。**

この授業に入るまでに、きつねの最初の状態、最後の状態を確認し、初めの柱・終わりの柱をつくっておくとよいでしょう。そうすれば、逆思考の読みに時間を割くことができます。初めと終わりの柱は次の通りです。

初めの柱………きつねが歩いていると、やせたひよこがやってきた。がぶりとやろうと思ったが、太らせてから食べようと。

終わりの柱……きつねは、はずかしそうにわらってしんだ。そして、ひよこたちはきつねのためにおはかを作ってなみだをながした。

逆思考の読みは、慣れればそれほど難しいものではありません。低学年の子どもたちでも十分理解できます。ただ、最初のうちはとまどうこともあるかもしれません。そのようなときは、終わりの柱からつくる問いと答えに、いくつか選択肢を提示してもよいでしょう。

逆思考の読みが終わったら、子どもたちと一緒に板書全体を眺めてください。物語の流れ・変容の因果関係などが、はっきりと表れているはずです。

授業の流れ

5分 初めの柱と終わりの柱を確認する。

初めの柱は何かな？

25分 終わりの柱から問いをつくり、答えを探す。

指導のコツ①
（44 ページ）

ひよこたちを
食べようとしていたのに、
ほめられたから。

10分 問い→答えを繰り返す。

指導のコツ②
（46 ページ）

じゃあ、そこから
どんな問いができる？

5分 物語の流れを確認する。

見事にお話の流れが
見えてきたね。

授業が思わぬ方向に流れたら

逆思考の読みを進めると、「どうして、きつねは笑って死んだの」という問いが出るはずです。私は「恥ずかしそうに笑って死んだのは、おおかみと戦って負けたから」という答えを選択肢の一つとして提示しました。この答えを見た子どもたちから「違う」という声が聞こえてきました。

ここまでは思い通りでしたが、「なぜ、違うの？」と聞くと、議論が思わぬ方向に進んでいきました。ある子が「おおかみは逃げだしたから、きつねは負けていない」と発言したことで、「負けたら笑わない」や「死んでしまったら負けだ」など、本質を外れた議論になったのです。

こういったことは低学年の授業では珍しいことではありませんので、慌てる必要はありません。私は選択肢を四つ提示するつもりでしたが、勝敗論で予想以上の時間を使ってしまったので、残りの選択肢は提示せずに授業を進めました。

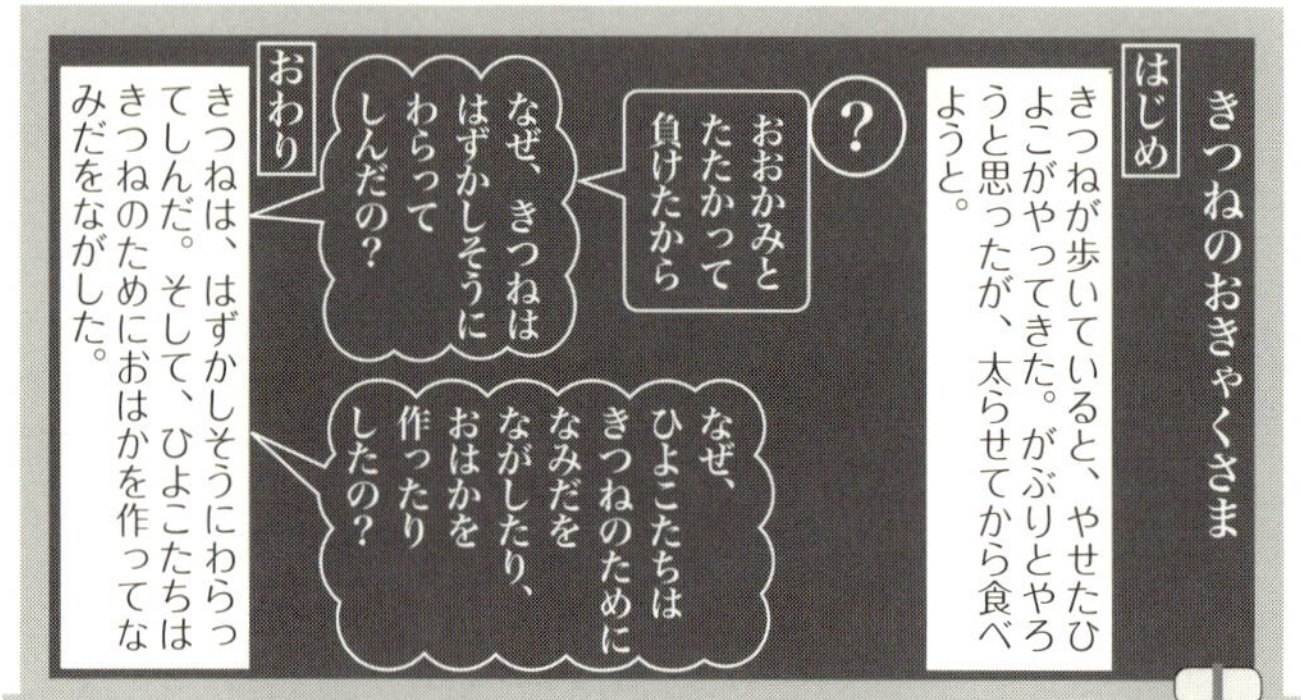

きつねのおきゃくさま
はじめ
きつねが歩いていると、やせたひよこがやってきた。がぶりとやろうと思ったが、太らせてから食べようと。
?
おおかみとたたかって負けたから
なぜ、きつねははずかしそうにわらってしんだの？
なぜ、ひよこたちはきつねのためになみだをながしたり、おはかを作ったりしたの？
おわり
きつねは、はずかしそうにわらってしんだ。そして、ひよこたちはきつねのためにおはかを作ってなみだをながした。

きつねは
負けていない。
おおかみは逃げて
いったんだから、
きつねが勝ったんだ。
今、考えているのは
きつねが勝ったか
負けたかなの？
違う。
あ！
どうして、
恥ずかしそうに
笑ったのか。
だね！
次の授業からは、
少し選択肢を変えないと
いけないな。

目的を持った逆思考の読みを

実際に授業で行った逆思考の読みを下の黒板に示しました。子どもたちから出てきた意見だけで構成しましたので、「不十分だな」「違う意見のほうがよいのに」という部分もあるかもしれません。

しかし、**この授業で重要なことは、物語の流れを一目でわかるようにすること**です。物語を理解するうえで重要なポイントとなる、きつね・ひよこたちの心理が端的に示されていますので、私はこれぐらいで十分だと思います。

ただし、低学年では突拍子もない意見が出ることがあります。たとえば、「ひよこたちはどんなお墓をつくったの」などという問いです。このような意見が出たときは「とてもおもしろい意見だね。でも、その答えは教科書に書いてあるかな」などと伝え、授業が本筋から外れることのないようにしましょう。そのためには、**発問や作業の目的を常に意識しておく**ことが大切です。

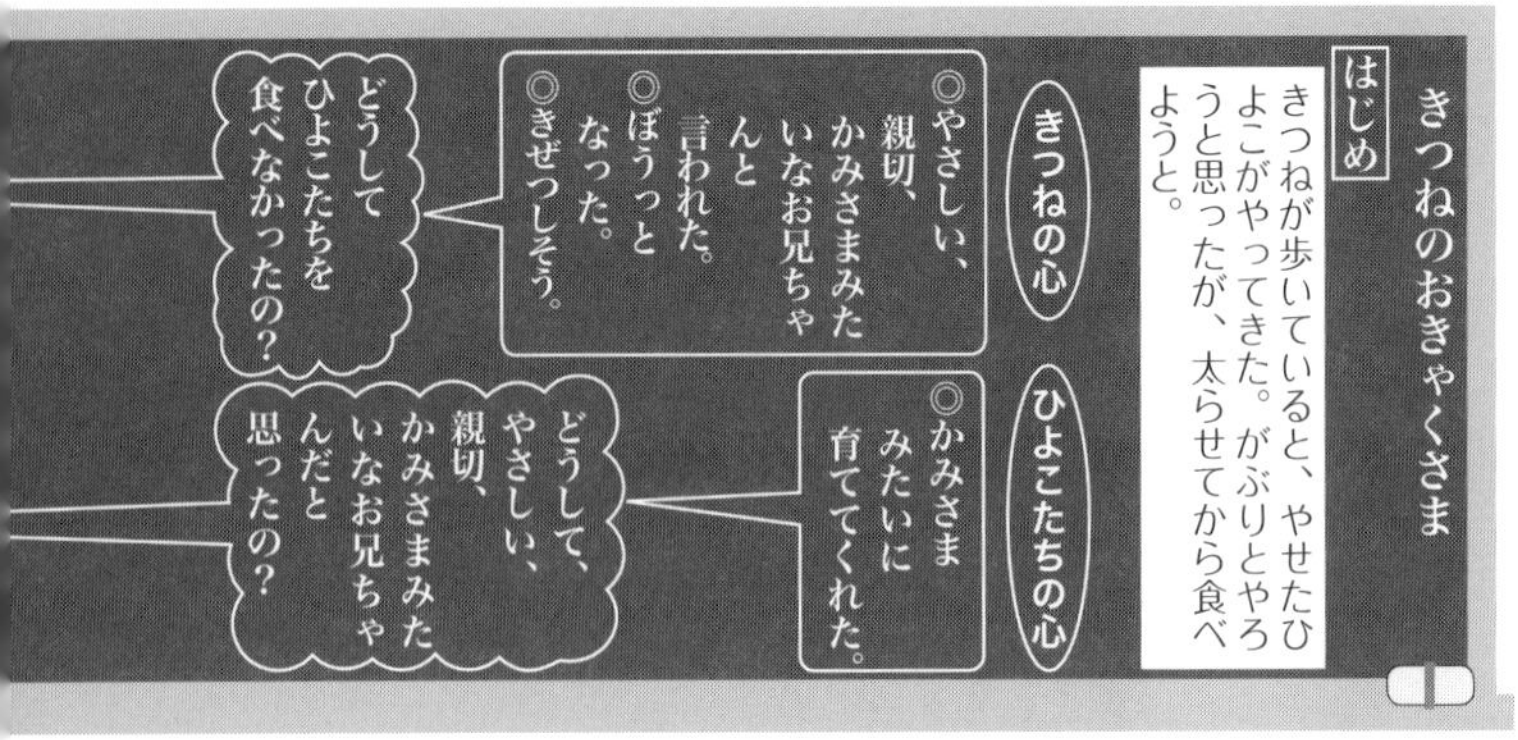
きつねのおきゃくさま
はじめ
きつねが歩いていると、やせたひよこがやってきた。がぶりとやろうと思ったが、太らせてから食べようと。
きつねの心
◎やさしい、親切、かみさまみたいなお兄ちゃんと言われた。
◎ぼうっとなった。
◎きぜつしそう。
ひよこたちの心
◎かみさまみたいに育ててくれた。
どうしてひよこたちを食べなかったの？
どうして、やさしい、親切、かみさまみたいなお兄ちゃんだと思ったの？

きつねは、はずかしそうにわらってしんだ。そして、ひよこたちは　きつねのためにおはかを作ってなみだをながした。

ここから問いをつくろう。

どうしてきつねは、恥ずかしそうに笑って死んだの？

いい問いだね。

ひよこたちはどんなお墓をつくったの？

とってもおもしろい意見だね。でも、教科書にその答えはあるかな？

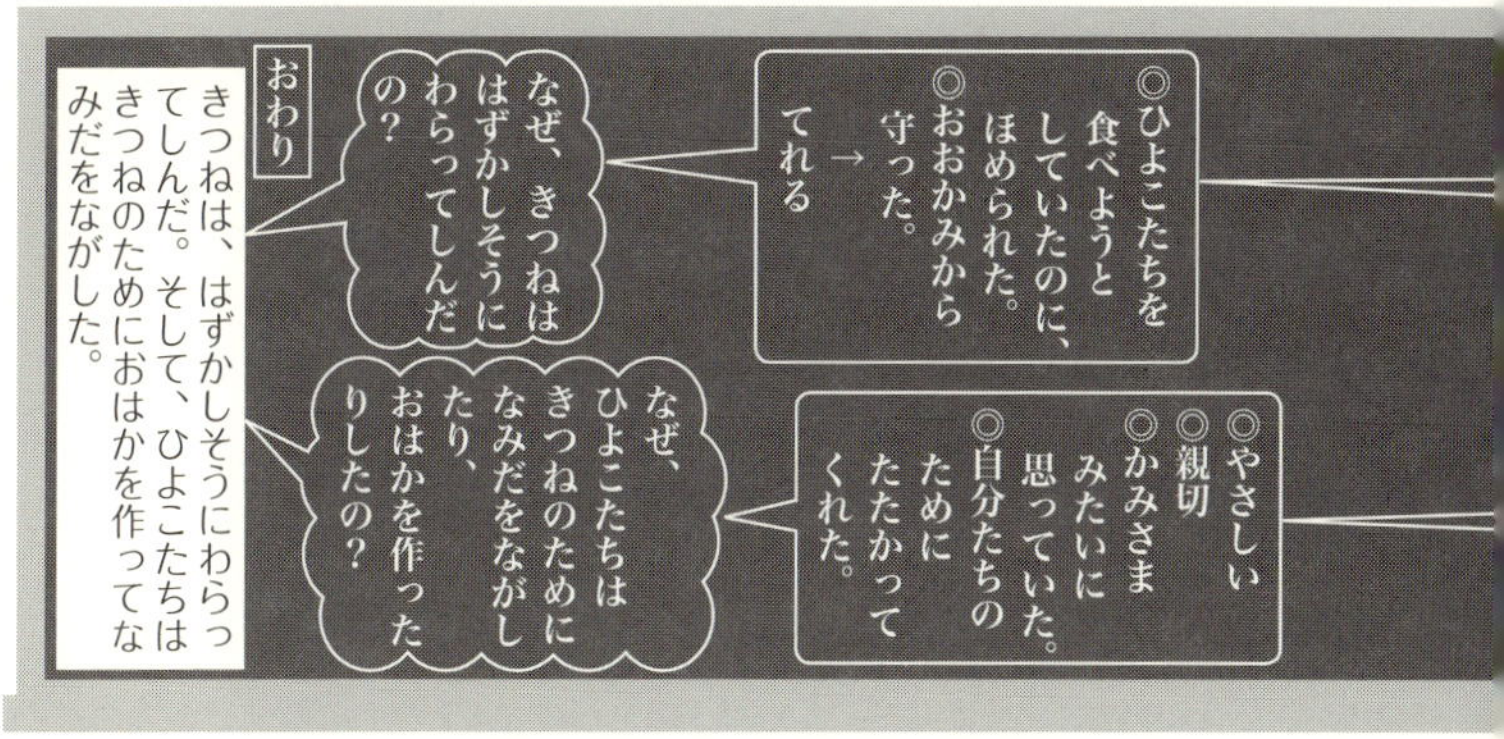
◎ひよこたちを食べようとしていたのに、ほめられた。
◎おおかみから守った。→てれる
◎やさしい
◎親切
◎かみさまみたいに思っていた。
◎自分たちのためにたたかってくれた。
なぜ、きつねははずかしそうにわらってしんだの？
なぜ、ひよこたちはきつねのためになみだをながしたり、おはかを作ったりしたの？
おわり
きつねは、はずかしそうにわらってしんだ。そして、ひよこたちはきつねのためにおはかを作ってなみだをながした。

お話の図

私は左のような「お話の図」をつくることもあります。こうすれば、逆思考の読みと同じように、作品を丸ごと、視覚的にとらえることができるからです。

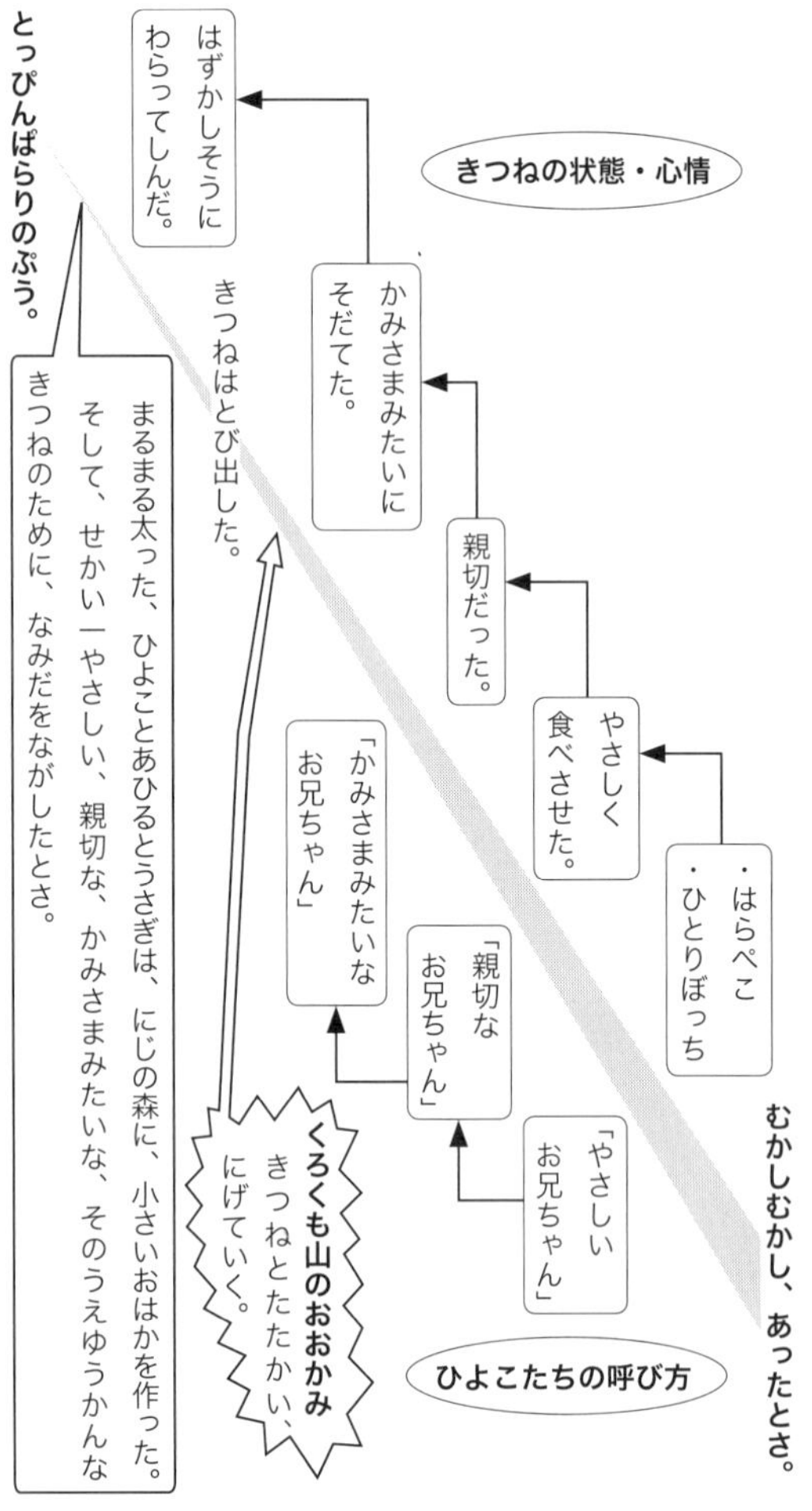
むかしむかし、あったとさ。
きつねの状態・心情
・はらぺこ
・ひとりぼっち
やさしく食べさせた。

親切だった。

かみさまみたいにそだてた。

はずかしそうにわらってしんだ。

ひよこたちの呼び方
「やさしいお兄ちゃん」

「親切なお兄ちゃん」

「かみさまみたいなお兄ちゃん」

くろくも山のおおかみ
きつねとたたかい、にげていく。

きつねはとび出した。

まるまる太った、ひよことあひるとうさぎは、にじの森に、小さいおはかを作った。そして、せかい一やさしい、親切な、かみさまみたいな、そのうえゆうかんなきつねのために、なみだをながしたとさ。

とっぴんぱらりのぷう。

この単元のまとめ

ねらい
①中心人物の変容をとらえる。
②さまざまなおもしろさを理解する。

想定していなかった答え・事態にも、慌てずに対処することが肝心です。特に、低学年では授業の目的から外れやすいので、気をつけましょう。

逆思考の読みを書いたノートや板書を眺めると、物語の流れが一目でわかります。

こちらも参考に！

『白石範孝の国語授業の教科書』
→44、48、50、52、54、56、116ページ

わにのおじいさんのたから物（学校図書三年下）

論理的思考でおもしろさをとらえる授業

「わにのおじいさんのたから物」は、こんな教材

この教材の最後には美しい夕やけの場面が登場し、中心人物であるおにの子はそれを見て感動します。ですから、情景や感情を理解することに主眼を置く先生がいるかもしれません。

しかし、それだけでは次につながる授業にならないため、不十分です。この単元の重要なテーマの一つは、**論理的な読みによって、話のおもしろさを理解すること**です。

単元計画案

次	時	学習活動
一	1	◎アニマシオンゲームで作品を丸ごと読む。 ・誰の言葉ゲーム ・どんな順番ゲーム
	2	◎「一文で書く」ことを通して、お話の全体を読む。
二	1	◎アニマシオンゲームから作品の三部構成をとらえる。
	2	◎アニマシオンゲームから逆思考の読みによって、因果関係を読む。
	3	◎一文で読む（最初の段階で書いた一文と比較して、読みの変容に気づく）。
三	1	◎それぞれの人物の「たから物」から、お話のおもしろさを見つける。

この授業をクローズアップ

教材研究のポイント

①構成をつかむ

まず、登場人物と物語の流れを理解することが大切です。そのためには、「誰の言葉」「どんな順番」ゲームを行うとよいでしょう。

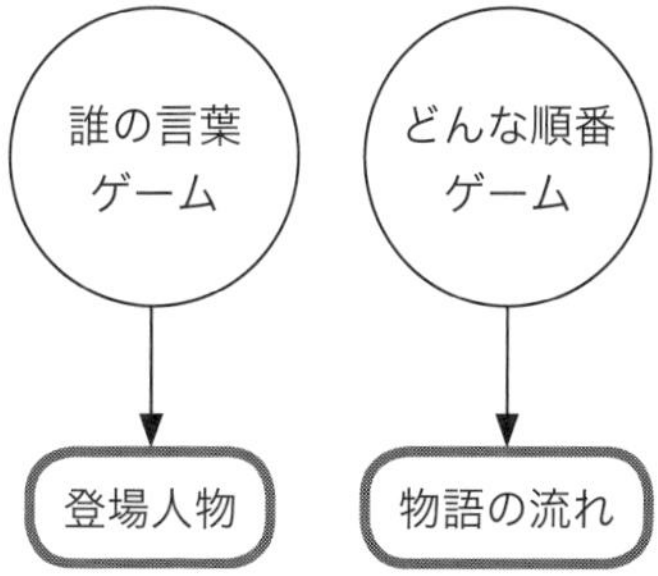
どんな順番ゲーム
物語の流れ
誰の言葉ゲーム
登場人物

②おもしろさを確認する

物語のおもしろさに気づくためには、中心人物がどう変容したかを理解する必要があります。その因果関係を逆思考の読みを使って整理しましょう。

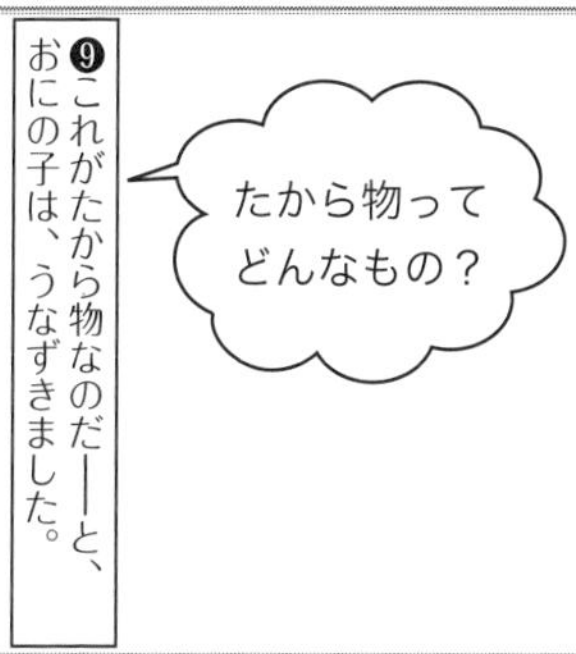
たから物ってどんなもの？
❾これがたから物なのだ――と、おにの子は、うなずきました。

③主題を考える

文学作品における作者の主張＝主題は、作品中から抜き出しただけでは不十分です。自分の言葉で全体を抽象化しましょう。

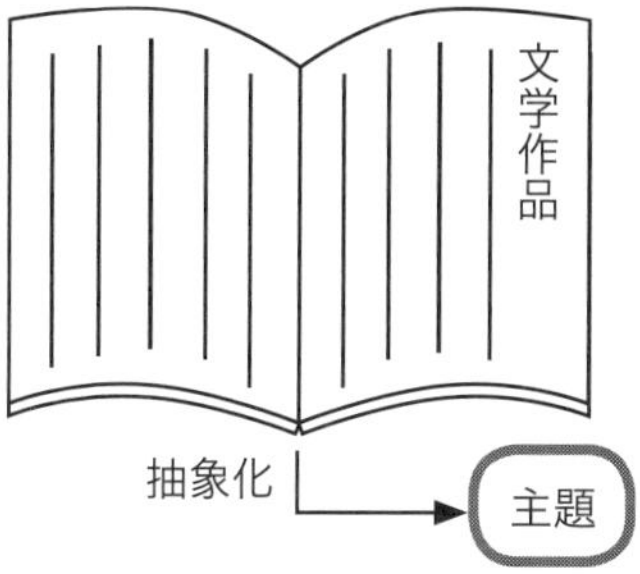
文学作品
抽象化
主題

この授業のキモはここ！

二次2時の授業では、時間の半分以上を誰の言葉ゲーム・どんな順番ゲームに費やします。それは、**作品の構造を理解することが、おもしろさを理解するうえで重要**だからです。

端的にいえば、この作品は「おにの子がたから物を知る前の場面」と、「おにの子がたから物を知ったあとの場面」に分けることができます。二つの場面で中心人物が大きく変容しているからです。このことを理解したうえで、おにの子が考える「たから物」とは何か、わにのおじいさんの「たから物」とは何か、を整理していく必要があるのです。

ある授業でのことです。おにの子の「たから物」について考えていると、一人の子が「夕やけ」と答えました。すると、ほかの子からも「美しい夕やけ」とか「世界じゅうでいちばんすてきな夕やけ」など、同じような答えが挙がりました。そのとき、別の子が「でも、それは勘違いしているだけで……」とつぶやきました。「たから物は足もとにうまっている」と言いたかったのでしょう。これはとても重要なつぶやきでした。なぜなら、おにの子、わにのおじいさん、それぞれに違った「たから物」があるという結論を導き出すきっかけになったからです。

このようなきっかけは、いつも子どもから発せられるとは限りません。きっかけがなく議論が前に進まなければ、教師が問題提起をしてもよいでしょう。しかし、**子どものつぶやきを聞き逃さないように注意していれば、たいてい子どもたちがきっかけを与えてくれる**はずです。

授業の流れ

25分 誰の言葉ゲーム・どんな順番ゲーム。

これが一番目！
③そうとう年をとってい て〜
どんな順番？

10分 おにの子と、わにのおじいさんの「たから物」を整理する。

指導のコツ①（54ページ）

おにの子の「たから物」は何？
夕やけ！

5分 作品のおもしろさを考える。

指導のコツ②（56ページ）

このお話のおもしろさはどこにある？

5分 主題の概念を理解する。

主題＝説明文では要旨
次の時間は、どんな言葉でまとめればいいか考えよう。

逆思考の読みを利用しよう

この作品では、おにの子が見つけた「たから物」と、わにのおじいさんが隠した「たから物」が別のものであることを、子どもたちに気づかせなければいけません。

そこで、私は**逆思考の読み**を使います。**逆思考の読みは「終わりの柱」から「初めの柱」へ、問い↓答え↓問い……と続けていくもの**です。しかし、この場合は初めの柱までたどる必要はありません。❾のカード「これがたからものなのだ――と、おにの子はうなずきました。」という柱から、一つだけ問いをつくります。そうすると、「たから物ってどんなもの？」という問いができるはずです。

この問いの答えを探す過程で、子どもたちはおにの子が見つけた「たから物」が「夕やけ」で、わにのおじいさんの「たから物」は「足もとにうまっている箱の中のもの」ということに気づくことができるのです。

わにのおじいさんのたから物 どんな順番？

❸そうとう年をとっていて、鼻の頭からしっぽの先まで、しわしわくちゃくちゃです。人間でいえば、百三十才くらいの感じ。

❻「わにのおじいさん。」と、よんでみました。

❼「わにのおばあさん。」

❶「君かい、葉っぱを、こんなにたくさんかけてくれたのは。」

❿「あの、わにのおじいさん？それとも、おばあさんですか？」

❽おにの子は、たから物というものが、どんなものなのだか、知りません。たから物という言葉さえ知りません。

❷「君は、たから物というものを知らないのかい？」

「たから物」の違いに、どうやったら気がついてくれるかな。
う〜〜ん…
そうだ!!

⑨これがたから物なのだ―と、おにの子はうなずきました。
ここからどんな問いをつくることができるかな？

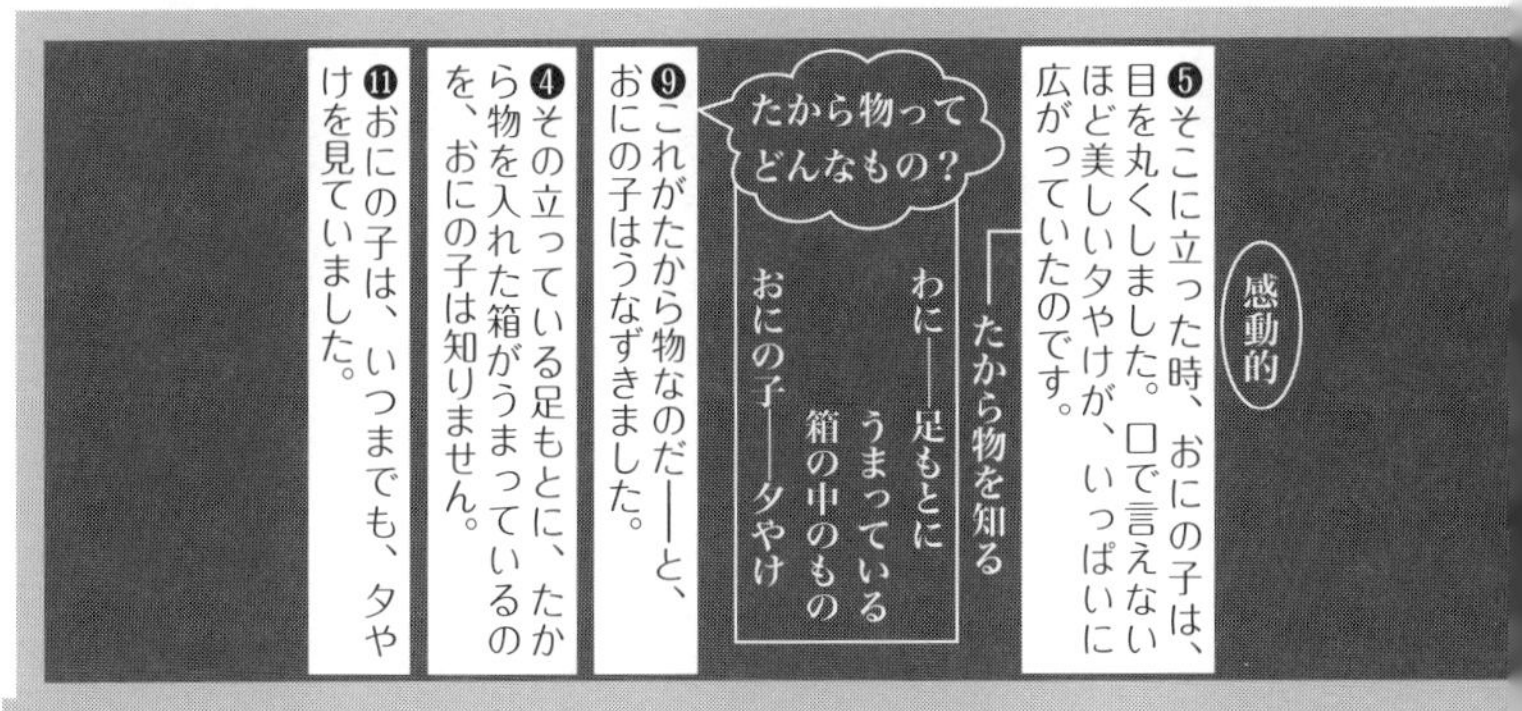

感動的
❺そこに立った時、おにの子は、目を丸くしました。口で言えないほど美しい夕やけが、いっぱいに広がっていたのです。
たから物を知る
わに――足もとに うまっている 箱の中のもの
おにの子――夕やけ
たから物ってどんなもの？
❾これがたから物なのだ――と、おにの子はうなずきました。
❹その立っている足もとに、たから物を入れた箱がうまっているのを、おにの子は知りません。
⓫おにの子は、いつまでも、夕やけを見ていました。

文学作品のおもしろさとは

おにの子と、わにのおじいさんとの間に、「たから物」についての認識の相違があることを理解すれば、この作品のおもしろさがわかるはずです。単なる「おにの子の勘違い」ではありません。子どもたちが、まだピンときていなければ「お話を読むことは、登場人物と読者の対話」だということを意識させると、理解しやすくなるでしょう。

この作品には、**「読者はからくりを知っているけれど、登場人物は知らない」というおもしろさがある**のです。しかし、ここで授業を終えるのではなく、少し子どもの思考をゆさぶってみましょう。**「逆に、登場人物は知っているけれど、読者が知らないという、お話のジャンルはあるかな？」と問いかけてみる**のです。

三年生では、推理小説やミステリーといった単語はわからないかもしれませんが、漫画の『名探偵コナン』と言えばわかるはずです。

わにのおじいさんのたから物

どんな順番？

❸そうとう年をとっていて、鼻の頭からしっぽの先まで、しわしわくちゃくちゃです。人間でいえば、百三十才くらいの感じ。

❻「わにのおじいさん。」と、よんでみました。

❼「わにのおばあさん。」

❶「君かい、葉っぱを、こんなにたくさんかけてくれたのは。」

❿「あの、わにのおじいさん？それとも、おばあさんですか？」

❽おにの子は、たから物というものが、どんなものなのだか、知りません。たから物という言葉さえ知りません。

❷「君は、たから物というものを知らないのかい？」

逆に、「登場人物は知っているけれど、読者は知らない」っていうおもしろさがあるものは？

わにのおじいさんのおもしろさ
「読者は知っているけれど登場人物は知らない」

う～ん。

名探偵コナン！

お話には、いろんなおもしろさがあるんだね。

感動的

❺そこに立った時、おにの子は、目を丸くしました。口で言えないほど美しい夕やけが、いっぱいに広がっていたのです。

たから物を知る

わに——足もとにうまっている箱の中のもの
おにの子——夕やけ

たから物ってどんなもの？

❾これがたから物なのだ——と、おにの子はうなずきました。

❹その立っている足もとに、たから物を入れた箱がうまっているのを、おにの子は知りません。

⓫おにの子は、いつまでも、夕やけを見ていました。

おもしろさ
登場人物は知らない
読者は知っている

→主題にもつながる

こんなおもしろさもあります

「わにのおじいさんのたから物」のおもしろさは、「登場人物は知らないけれど、読者は知っている」のほかにもあります。そして、もう一つのおもしろさも逆思考の読みをすることで見つけることができます。

「❾これがたから物なのだ――と、おにの子は、うなずきました。」から、何度か問い→答えを重ねると、「なぜ、たから物を知らないの？」という問いにたどり着くはずです（「⓫おにの子は、いつまでも、夕やけを見ていました。」からでも可）。ただし、クラス全体で考え、いったん違う方向に傾くと、なかなか軌道修正ができません。そんなときは各自のノートに書かせます。三十人以上の子どもがいれば、誰か一人は「なぜ、たから物を知らないの？」にたどり着くはずですので、その子を指名して発表させるとよいでしょう。なぜ、おにの子は「たから物」を知らないのか、それは「ももたろうが、おにから『たから物』をそっくり持っていってしまっ」たからです。

このように、**「わにのおじいさんのたから物」の中には、実は「ももたろう」という別の作品のエピソードがうまく組み込まれている**のです。しかも、「ももたろう」の物語が「めでたし、めでたし」で終わったその後を、退治されたおにの視点から描いています。ここにも、この作品のおもしろさがあります。

この単元のまとめ

ねらい

①全体の構成をつかむ。

②作品のおもしろさに気づく。

逆思考の読みをすることで、因果関係をとらえましょう。そうすることで、おにの子とわにのおじいさんが考える「たから物」の違いに気づきます。

文学作品のおもしろさは、さまざまです。「登場人物は知らないけれど、読者は知っている」だけで終わるのではなく、いろいろ探してみましょう。

こちらも参考に！

『白石範孝の国語授業の教科書』

→ 48、50、52、54、56、62、150 ページ

木かげにごろり（東京書籍三年下）

アニマシオンゲームで内容をとらえる授業

「木かげにごろり」は、こんな教材

この教材はユーモアのある内容でおもしろいのですが、そこだけにとらわれていてはいけません。

私はこの教材を、子どもたちの論理的思考力を育てるのに適した教材だと考えています。なぜなら、**「疑問を見つける」「物事を関連づける」「知識を生かす」といった論理的思考に必要な要素がちりばめられている**からです。お話がおもしろいので、楽しみながらそれを学ぶことができます。

単元計画案

次	時	学習活動
一	1	◎登場人物、設定、事件をとらえ、一文で読む。
	2	◎三部構成（はじめ・中・おわり）を読む。
二	1（〜2）	◎誰の言葉ゲーム。 ◎三部構成から順番を考える（並べ替え）。 ＊Step2では１時間で扱う場合を紹介しています。
	3	◎因果関係を読む。
三	1	◎お話のおもしろさを読む。 ◎「一文で書く」ことで、まとめをする。

この授業をクローズアップ

教材研究のポイント

①構成をつかむ

まず、登場人物と物語の流れを理解することが大切です。そのためには、「誰の言葉」「どんな順番」ゲームを行うとよいでしょう。

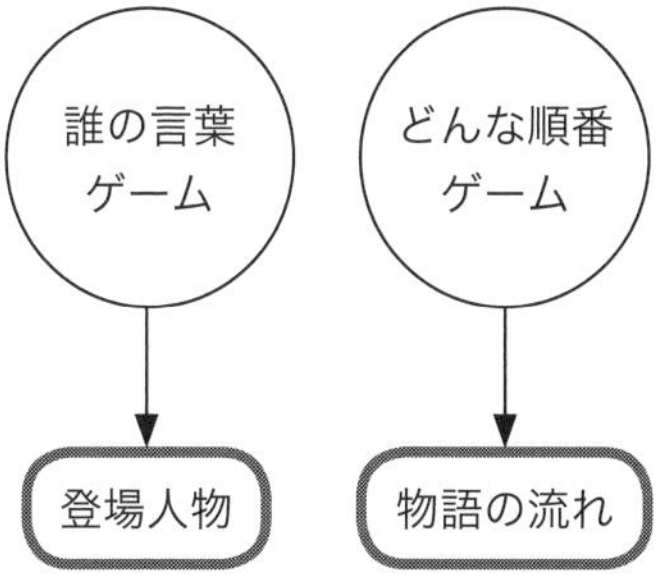
どんな順番
ゲーム
物語の流れ
誰の言葉
ゲーム
登場人物

②木かげの伸び方を論理的に

この作品を理解するためには、なぜ木かげが伸びたのかを理解する必要があります。子どもは、時間がたって木が生長したからと、とらえることもあるので注意が必要です。

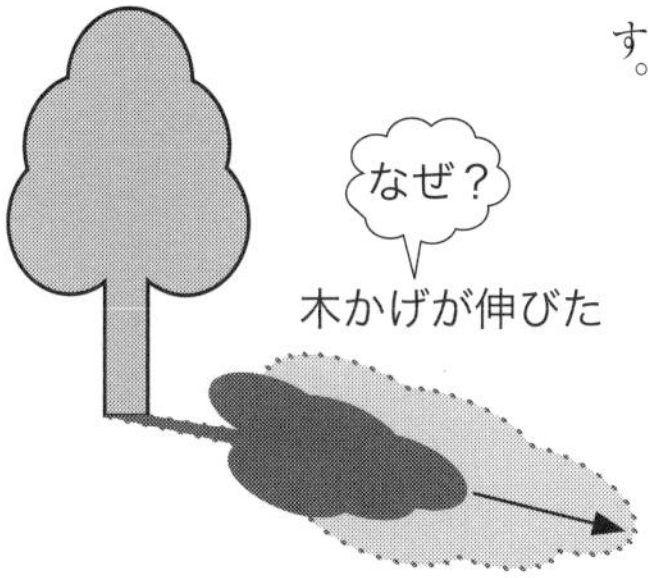
なぜ？
木かげが伸びた

③中心人物の変容をとらえる

この作品を一文で書くと、【おひゃくしょうたち】が【木かげを買う】ことで【地主にやり返した】話、などとなります。変容の部分は【地主を困らせる】【地主と立場が逆転する】などでもよいでしょう。

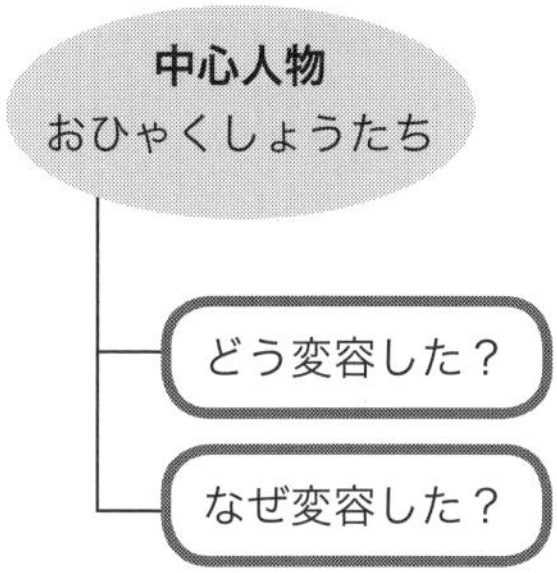
中心人物
おひゃくしょうたち
どう変容した？
なぜ変容した？

この授業のキモはここ!

二次1時の授業ではアニマシオンゲーム、なかでも**「どんな順番ゲーム」**に重点を置きます。それは、このゲーム一つで次のような多くの課題が解決するからです。

◎物語の構成を理解する。

◎なぜ木かげが伸びたのかを理解する。

◎なぜ「木かげでごろり」ではだめなのかを理解する。

◎中心人物の変容をとらえる(一文で書く)。

ですから、作品の中から抜粋し、子どもたちに提示する文章には、特に注意を払わなければいけません。私が選んだ十一枚は64ページに掲載してあります。子どもたちに提示するカードはこれと違ってもよいですし、私自身も毎回同じ文章を使うわけではありません。それまでの授業で見定めた子どもの理解度、この活動に費やせる時間、前年までの授業の反省などを踏まえてカードを更新していきます。

ただし、時間経過を表す❺❻❼❾のカードは必ず必要です。これらがなければ、季節の変化と木かげの伸びをスムーズに関連づけることができないからです。みなさんも授業の意図に合わせて文章を選び出し、自分なりのカードをつくってみてください。

授業の流れ

10分 問題提起をする。

木かげでごろり
先生
違うよ！

5分 みんなで読む。

今度は男の子だけで。
また一月ほどたった
夕方のことです。

5分 誰の言葉ゲーム。

指導のコツ①
（64ページ）

⑦ある夏の日のことです。
これは誰の
言葉かな？

25分 どんな順番ゲーム。

指導のコツ②
（66ページ）

⑦ある夏の日のことです。
このカードはどこに入る?
⑩の
カードの前。

「登場人物」と「語り手」

「木かげにごろり」でアニマシオンゲームを行うために私が抜き出したのは、下の十一の文章です。私は選んだ文章をマジックで紙に書き、紙の裏にはマグネットをつけ、黒板に貼ります。こうすると、子どもの意見にしたがって順番を並べ替えやすいので便利です。

「誰の言葉ゲーム」では登場人物をとらえます。その際、必ずカギ括弧がついていない❺❻❼❾のようなカードをつくることが大切です。子どもたちに「これは誰の言葉?」と問いかけると、「説明」だとか「ナレーター」だとか「作者」だとか、さまざまな答えが返ってくることでしょう。ここで重要なのは**「語り手」という用語と、その原理・原則を理解し、ほかの教材でも使えるようにすること**です。

語り手は**「お話の中には出てこないけれど、登場人物や様子を説明する役割があるよ」と説明する**とよいでしょう。

木かげにごろり

登場人物
◎おひゃくしょう
◎地主
◎語り手

❶「地主様、木かげがどこまでのびているか、しっかり見てくだされ。木かげはまちがいなく、わたしたちが買ったものでございます。」
誰の言葉?
おひゃくしょう

❷「広場はそうでも、この木はちがう。これはわしのじい様が植えたものだから、この木かげもわしのものじゃ。入りたければ、木かげを買いとってから入れ。」
地主

❸「こりゃあ、だれのゆるしをえて、わしの門の前でねておる。」
地主

❹「こりゃあ、だれのゆるしをえて、わしの板の間でねておる。」
地主

語り手
語り手とは……
お話の中には
出てこないけれど、
登場人物や様子を
説明する役割があるよ。

❺また一月ほどたった夕方のことです。
語り手

❻それから一月ほどたった夕方のことです。
語り手

❼ある夏の日のことです。
語り手

❽「あっ、おれたちの木かげにごちそうが入った。」
おひゃくしょう

❾秋風がふきはじめたころのことです。
語り手

❿「こりゃあ、だれのゆるしをえて、わしの木かげに入ろうとする。」
地主

⓫「こりゃあ、だれのゆるしをえて、わしの中庭でねておる。」
地主

どんな順番ゲームで季節の変化をとらえる

私はふつう「どんな順番ゲーム」を行うときは、まず作品を三つに分けることから始めます。そして、カードが「はじめ」「中」「おわり」のどこに入るかを最初に考えさせます。

しかし、この作品では、十一枚のカードを三つのグループに分けることから始めることもできます。たとえば、「地主の言葉❷❸❹❿⓫」「おひゃくしょうの言葉❶❽」「語り手の言葉❺❻❼❾」の三グループです。ここで大切なのは、**「時間が示されているカード（❺❻❼❾）を基準として並べると、わかりやすい」ことに気づくこと**です。

このゲームは順番を理解するだけでなく、「なぜ木かげが伸びたのか」を理解することにもつながります。子どもたちはカードを並べる過程で、時間の経過（季節の変化）と、木かげの伸びを関連づけて考えるようになるからです。あとは、季節の変化と太陽の動きを知識として知っているか、の問題です。

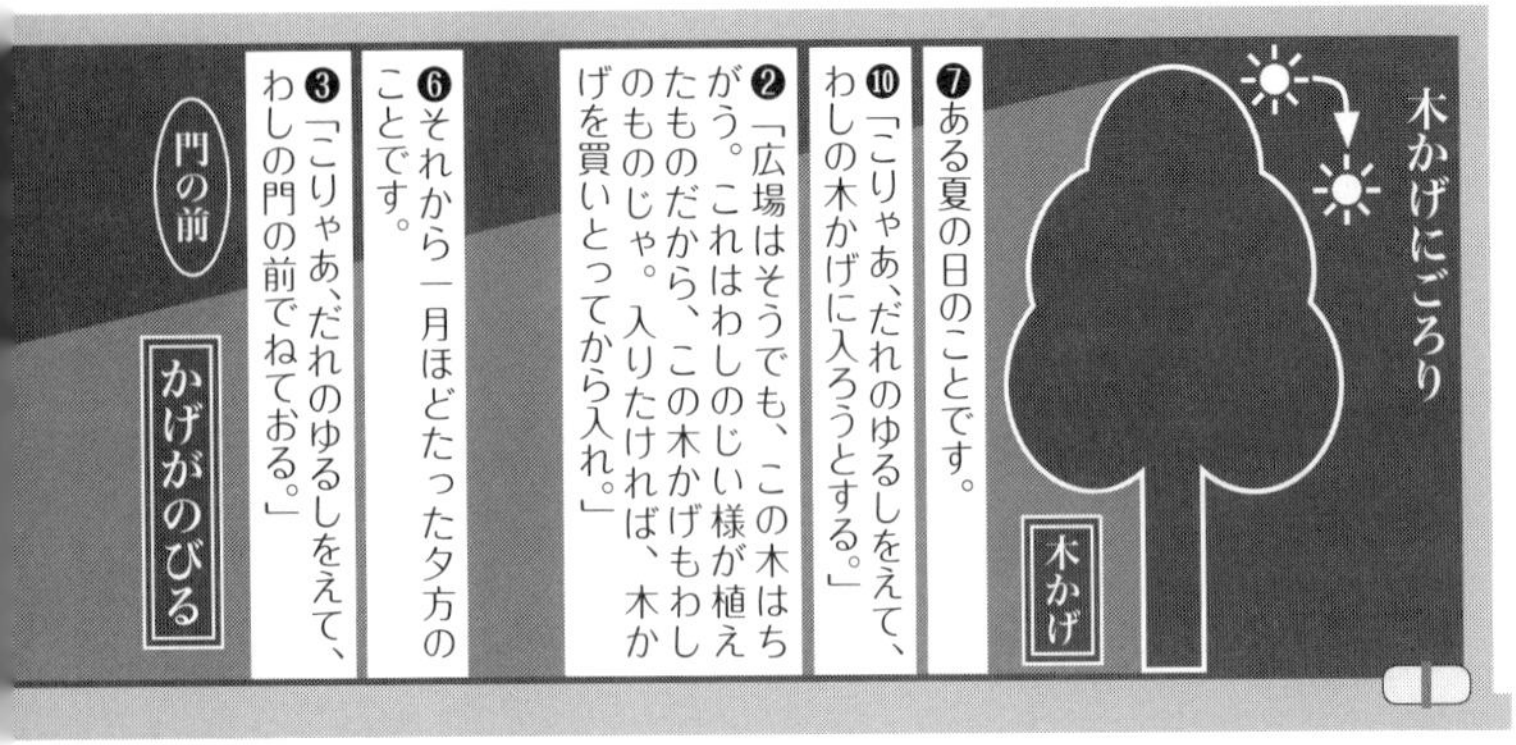
木かげにごろり
木かげ
❼ある夏の日のことです。
❿「こりゃあ、だれのゆるしをえて、わしの木かげに入ろうとする。」
❷「広場はそうでも、この木はちがう。これはわしのじい様が植えたものだから、この木はわしのものじゃ。入りたければ、木かげを買いとってから入れ。」
❻それから一月ほどたった夕方のことです。
❸「こりゃあ、だれのゆるしをえて、わしの門の前でねておる。」
門の前
かげがのびる

どうして木かげが
伸びたのかな？
木が
大きくなった！
季節が
変わった！

❺また一月ほどたった夕方のことです。

⓫「こりゃあ、だれのゆるしをえて、わしの中庭でねておる。」

❶「地主様、木かげがどこまでのびているか、しっかり見てくだされ。木かげはまちがいなく、わしたちが買ったものでございます。」

中庭

❾秋風がふきはじめたころのことです。

❹「こりゃあ、だれのゆるしをえて、わしの板の間でねておる。」

板の間

❽「あっ、おれたちの木かげにごちそうが入った。」

家の中

小さいけれど重要なこと

私は「木かげにごろり」の授業をする際、「木かげでごろり」と、わざと間違えて板書することがあります。子どもたちはすぐに気づき、「先生、『に』だよ」と指摘します。そこで、待っていましたとばかりに、「どうして。『木かげで』でもいいじゃない」と聞き返すと、いろいろな意見が挙がります。やれ、「『に』だとずっとそこにいて、『で』だと少しの間しかいない」だの、「『に』だといろんな人が木かげにいるけれど、『で』だと自分だけがいる」だの……。

私は**「『に』だと場所が移り変わる、『で』だと一か所だけを指す」**と教えています。この作品では、木かげが伸びることによって、おひゃくしょうがごろりと寝転がる場所が変わっていきます。ですから、「木かげにごろり」でなければいけないのです。

また、アニマシオンで使った❶のカードを見てください。実は、これは順番を決めるのが困難なカードです。作品中にほとんど同じセリフがあるからです。しかし、ただ一か所だけ違うところがあります。一方は「……木かげはまちがいなくわたしたちが……」で、もう一方は「……木かげはまちがいなく、わたしたちが……」となっています。**一つの読点があるか、ないかだけの違い**です。**しかし、この読点こそ、念を押して強調する重要な役割を果たしている**のです。ここに気づくことも大切です。

この単元のまとめ

ねらい
①アニマシオンゲームで「語り手」「構成」などをおさえる。
②なぜ木かげが伸びたかを理解する。

語り手という「用語」と「原理・原則」を教えましょう。語り手は「お話の中には出てこないけれど、登場人物・状況・場面・様子などを説明する」役割があります。

時の流れと木かげの伸びに因果関係があることを気づかせましょう。

こちらも参考に！

『白石範孝の国語授業の教科書』

→ 16、32、36、58、60、62 ページ

幽霊をさがす（光村図書五年）

張り巡らされた伏線から因果関係を読む授業

「幽霊をさがす」は、こんな教材

この教材は、登場人物の一人ベリンダが幽霊であるという伏線が随所に張られています。そのため、子どもたちが「ベリンダ＝幽霊」という結論に到達するのは難しくありません。しかし、中心人物サミーがどう変容したかをとらえ、おもしろさを理解するためには、論理的な読みが必要になります。

因果関係と伏線を整理することで、この作品のおもしろさが見えてくるはずです。

単元計画案

次	時	学習活動
一	1	◎設定、事件、変容を読む。
	2	◎三部構成（はじめ・中・おわり）から変容を読む。
二	1（～2）	◎伏線から因果関係を読む。 ◎サミーの心の変容を読む。 ＊Step2では１時間で扱う場合を紹介しています。
三	1	◎作品のおもしろさを読む。
	2	◎「一文で書く」ことからまとめる。

この授業をクローズアップ

教材研究のポイント

①三つに分ける

作品を丸ごと読めるように、「はじめ」「中」「おわり」の三つに分けます。こうすることで、中心人物の変容や因果関係がとらえやすくなります。

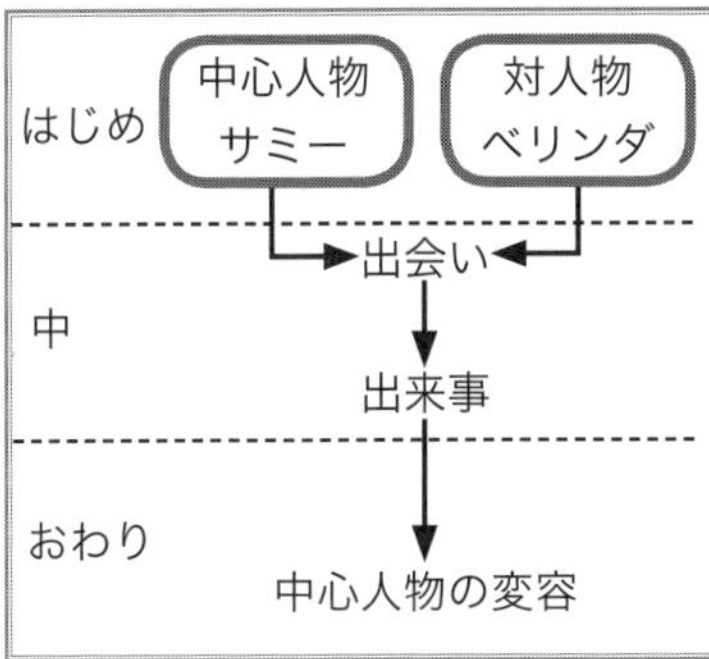
はじめ
中心人物
サミー
対人物
ベリンダ
出会い
中
出来事
おわり
中心人物の変容

②伏線をとらえる

ベリンダが幽霊だと考えられる伏線、サミーがベリンダは幽霊だと気づいていく伏線をとらえましょう。また、サミーがどう変容したのか、それはなぜかについても考えます。

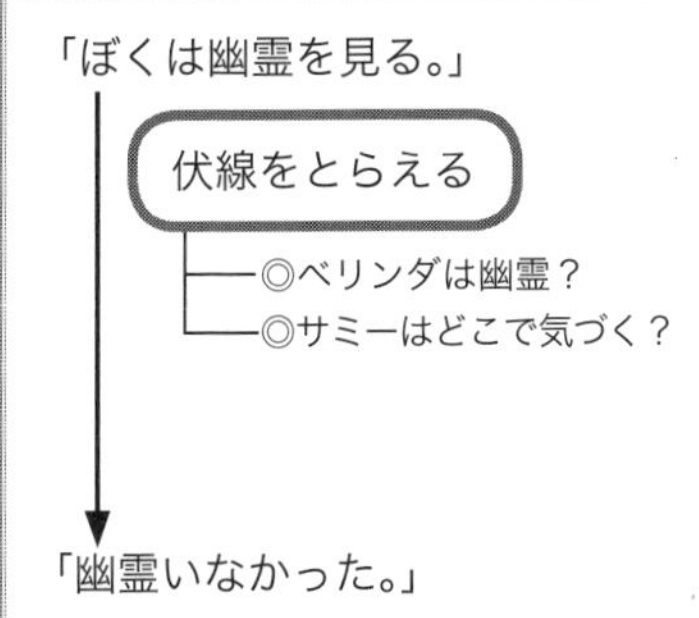
「ぼくは幽霊を見る。」
伏線をとらえる
◎ベリンダは幽霊？
◎サミーはどこで気づく？
「幽霊いなかった。」

③おもしろさを理解する

この作品のおもしろさの一つは、サミーとベリンダの気持ちのズレにあります。サミーはベリンダが幽霊だと気づいていますが、ベリンダは気づかれていないと思っています。

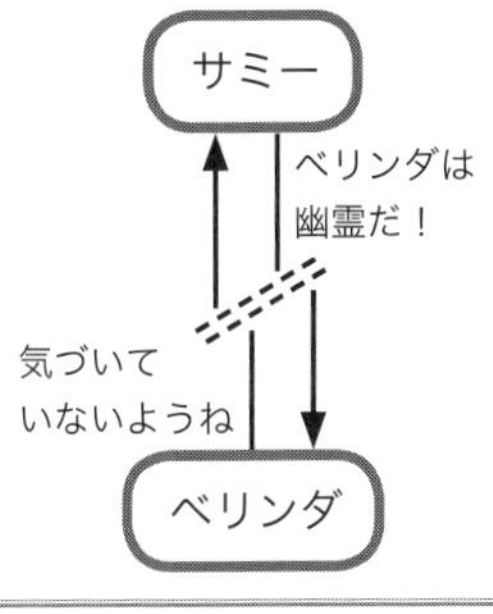
サミー
ベリンダは
幽霊だ！
気づいて
いないようね
ベリンダ

この授業のキモはここ！

この作品を「はじめ」「中」「おわり」の三つに分け、中心人物であるサミーが「はじめ」で「ぼくは幽霊を見る。」と発言し、「おわり」で「幽霊いなかった。」と発言していることに注目してください。見事に変容していることがわかります。

しかし、子どもたちは「サミーは本当に幽霊を見なかったのか。本当に幽霊がいないことを確信したのか」という疑問がわくはずです。サミーはベリンダを幽霊だと確信しています。それがわかるのが「サミーは、さよならも言わずに、……家の方へかけだしました。」という表現です。ここに気づけば、サミーはいつから気づいていたのか、と授業を展開することができます。

この作品にはベリンダが幽霊であること、また、サミーがそれに気づき始めることを示す、多くの伏線が張られています。特に、**伏線が集中している「中」の場面を詳細に読み、サミーが「いつから」「何をきっかけに」ベリンダが幽霊であることに気づくかを議論**しましょう。

ただし、「中」の場面は長いので、さらに三つに分け、順番に伏線を探すとよいでしょう。分ける基準はサミーとベリンダの居場所です。最初は屋敷の外にいて、次に屋敷の中へ入り、最後に再び外に出ます。場面ごとにサミーの心情がどう変化しているか、その要因は何かをつかみましょう。

授業の流れ

5分 一文で書く。

中心人物は
サミー。
一文で書く
が

指導のコツ①
（74ページ）

10分 変容を確認する。

サミーは本当に
幽霊がいないことを
確信したのかな？

25分 伏線を追いながら、変容の過程をつかむ。

サミーはいつ
ベリンダが
幽霊だと
気づいたのかな？

指導のコツ②
（76ページ）

5分 おもしろさを考える。

自分がおもしろいと
思うことをノートに
書いて提出しなさい。
!

中心人物の変容をとらえ「一文で書く」

文学作品を「一文で書く」ことで、子どもたちが作品の全体をとらえられているか、どこが理解できていないか、が見えてきます。**「一文で書く」ための文型は「【中心人物】が【出来事】によって【変容する】話」**です。

この作品の場合、変容は少しわかりにくいかもしれません。しかし、作品を「はじめ」「中」「おわり」の三つに分ければ、わかりやすくなります。

「はじめ」には「ぼくは、幽霊を見ると、ぼくに約束した。だから、ぼくは幽霊を見る。」という表現があり、「おわり」には『幽霊いなかった。』……『幽霊なんてもの、いないんだ。』という表現があります。

ですから、「幽霊をさがす」を一文で書くと、「**【サミー】**が**【幽霊探しに行くこと】**によって**【幽霊なんていなかったと思う】**話」となります。

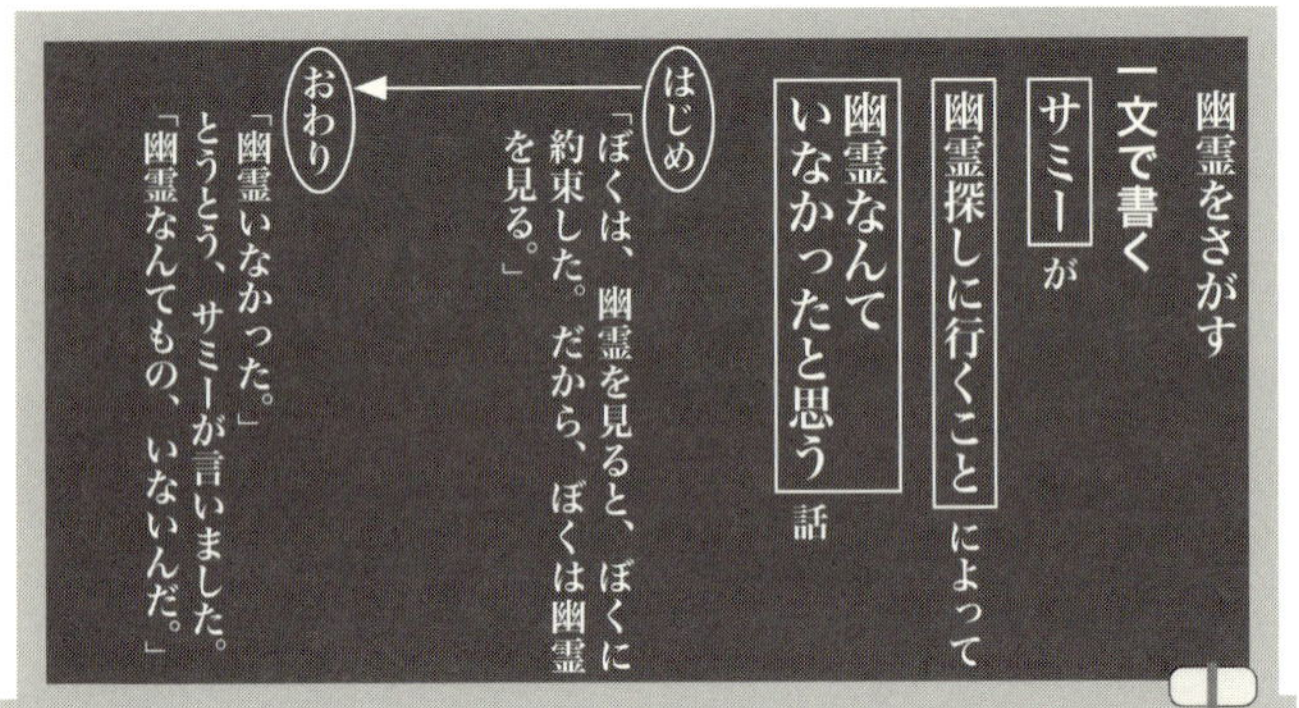
幽霊をさがす
一文で書く
サミー が
幽霊探しに行くこと によって
幽霊なんていなかったと思う 話
はじめ
「ぼくは、幽霊を見ると、ぼくに約束した。だから、ぼくは幽霊を見る。」
おわり
「幽霊いなかった。」
とうとう、サミーが言いました。
「幽霊なんてもの、いないんだ。」

一文で書くときの決まりは……。
中心人物が、何をきっかけに、どう変わったか、だよね。
このお話の中心人物は？
サミー！
サミーはどう変わっている？
幽霊がいなかったと思うようになっている。

伏線から変容をとらえる

「サミーはいつベリンダが幽霊であることに気づいたのか」という問いを子どもたちに投げかけると、どの子も出会いの直後ではないことだけはわかります。しかし、なかなか「いつ」を限定することはできません。「錠が開いていた」「名前を知っている」「風が吹く」「昔を知っている」「くもの巣」「影が鏡に映らない」など、いくつもの伏線が張られているため、それが当然なのです。

　そこで、私は**「中」の場面をさらに三つに分けて伏線を探そうと提案します。**分けるポイントはサミーたちが屋敷の中にいるか、外にいるかです。こうやって読み解くことによって、それぞれの場面でサミーの心情や行動に変化が生まれていることが理解しやすくなるはずです。

　また、この活動では伏線を闇雲に挙げるだけではいけません。**大切なのは伏線のつながりや流れを明確にし、因果関係をしっかりととらえること**です。

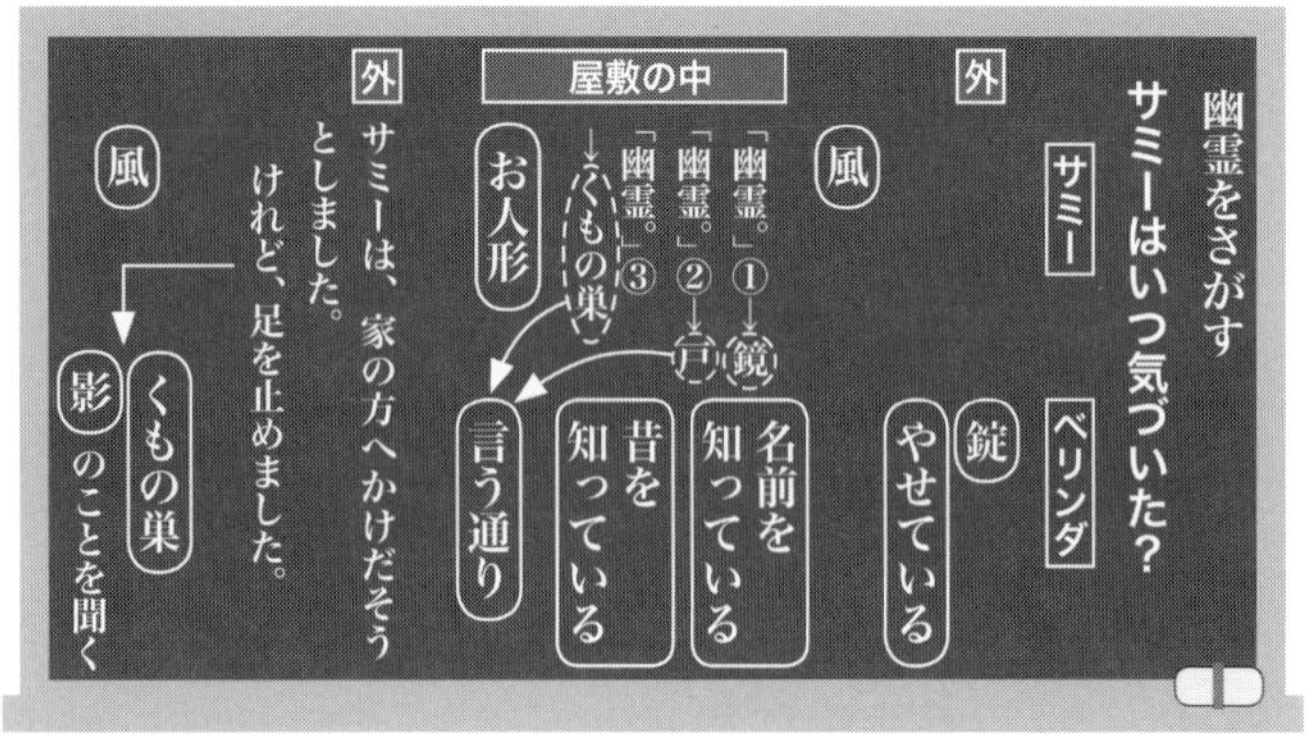
幽霊をさがす
サミーはいつ気づいた?
サミー
ベリンダ
外
錠
やせている
風
名前を知っている
昔を知っている
屋敷の中
「幽霊。」①→鏡
「幽霊。」②→戸
「幽霊。」③→くもの巣
お人形
言う通り
外
サミーは、家の方へかけだそうとしました。
けれど、足を止めました。
風
くもの巣
影
のことを聞く

サミーは
なぜ変容したの？
ベリンダが幽霊だと
わかったから。
いつ、幽霊だと
気がついたのかな？
伏線を見つけてみよう。
はい。
はい。
はい。

論理的に心情を読む

作品の最後にサミーは「さよならも言わずに、まるでくつのかかとにロケットがいくつもくっついているような勢いで、家の方へかけだし」ます。これを、ベリンダが幽霊だと確信し、恐かったから逃げ帰ったと解釈する子も多いのではないでしょうか。また、サミーが「幽霊いなかった。」と口にするのは、ベリンダが幽霊だということに気づいたことが知られると危害を加えられるおそれがあるからだ、と解釈する子もいるはずです。これらの解釈は間違いだとは言えませんが、多分に「幽霊＝恐い」という先入観を持ちすぎた読みです。

この作品の中で、サミーは「だれかがもどってきて、遊ぶのを待っているよう」なお人形を見てベリンダが幽霊だと確信したはずです。その後は最初のうちは恐かった、くもの巣も、鏡も恐がっていません。それはなぜか。ベリンダと幽霊が結びついたことで「幽霊は、さっきまで考えていたほど、たいしたことに思えなくな」ったからです。また、押し入れの戸のきしむ音が「苦情を言っているように」「ほっといてくれって言っている」ように聞こえるなど、興味本位で幽霊を見に来た自分を後悔するようになったのです。サミーの「幽霊いなかった。」には、このような心情が込められていることを論理的に読み解いてください。

この単元のまとめ

ねらい
①伏線をとらえて中心人物の変容を読む。
②中心人物の変容とその要因から、作品のおもしろさを理解する。

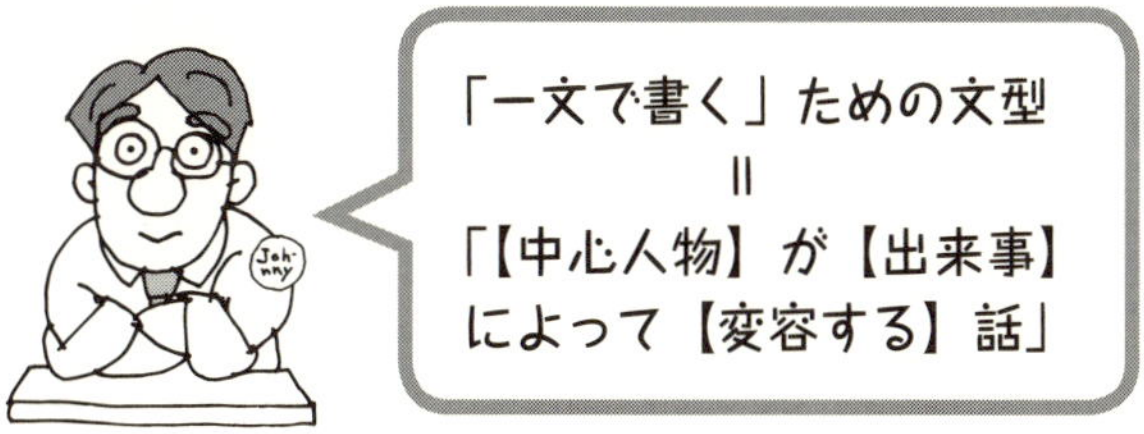
「一文で書く」ための文型
＝
「【中心人物】が【出来事】によって【変容する】話」

文学作品では中心人物の変容についての因果関係をとらえなければいけません。そのためには、伏線を読むことも大切です。

白石範孝の国語授業の教科書

こちらも参考に！

『白石範孝の国語授業の教科書』
→ 24、42、46、48 ページ

第三章◉説明文の技術

説明文の授業では問いと答えのつながりをとらえ、筆者の主張に迫ります。

たんぽぽのちえ（光村図書二年上）

主語をとらえ段落の関係性を考える授業

「たんぽぽのちえ」は、こんな教材

低学年の説明文は基本的には単純な「問い」＋「答え」で構成されています。ただし、「たんぽぽのちえ」には、最初に明確な問いの文がありません。「たんぽぽには、どんなちえがあるのでしょうか」といった問題を明確に提示することなく、「ちえ」についての説明が始まるのです。

「問い」を自分の中で設定したうえで読み解くことが、この教材を理解するために重要です。

単元計画案

次	時	学習活動
一	1	◎三部構成（はじめ・中・おわり）を読む。 ◎題名を問いの文にし、その答えを探す。
二	1	◎「中」の部分のまとまりを見つける。
	2（〜3）	◎形式段落の主語を見つけ、そのつながりを読む。 ＊Step2では1時間で扱う場合を紹介しています。
	4	◎段落の役割を読む。
三	1	◎文章構成図を書く。
	2	◎「ちえ」についてまとめる。

この授業をクローズアップ

教材研究のポイント

①構成を理解する

教材文を「はじめ」「中」「おわり」の三つに分けます。「はじめ」は話題や問題の提示、「中」は具体例や実験など、「おわり」はまとめや筆者の主張が書かれています。

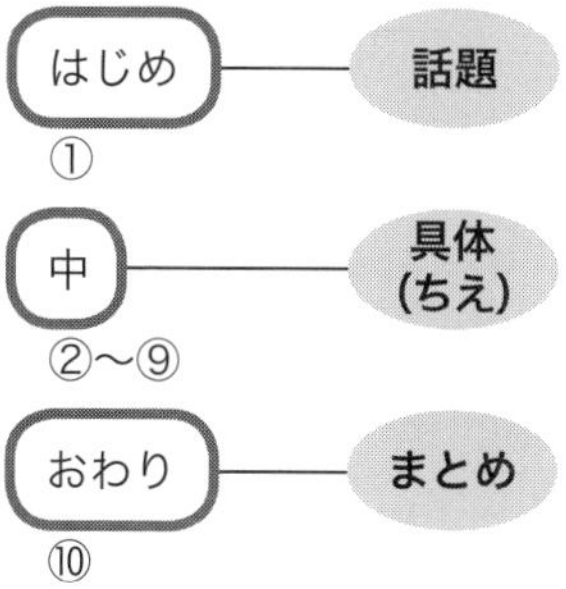
はじめ
①
話題
中
②〜⑨
具体（ちえ）
おわり
⑩
まとめ

②「中」をさらに分ける

「中」をさらに分けます。その際、形式段落の主語（何について書かれた段落か）に着目するとよいでしょう。

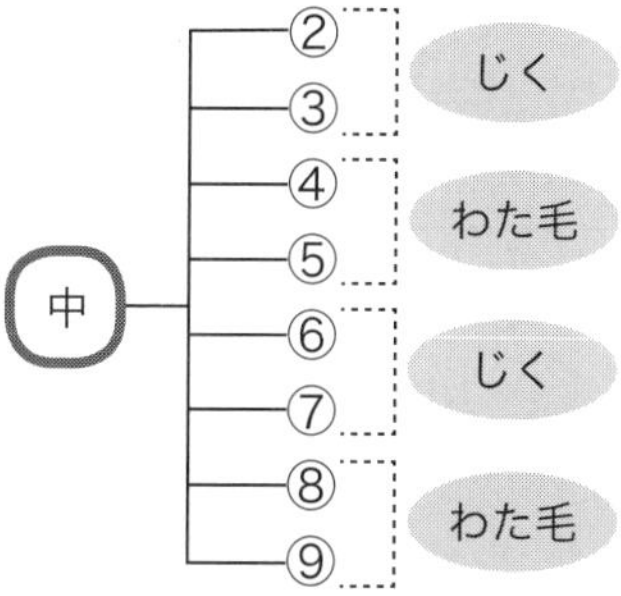
中
②
③
じく
④
⑤
わた毛
⑥
⑦
じく
⑧
⑨
わた毛

③段落の関係性を図式化する

形式段落の関係を図にすることで、「中」のまとまりが一目でわかるようになります。

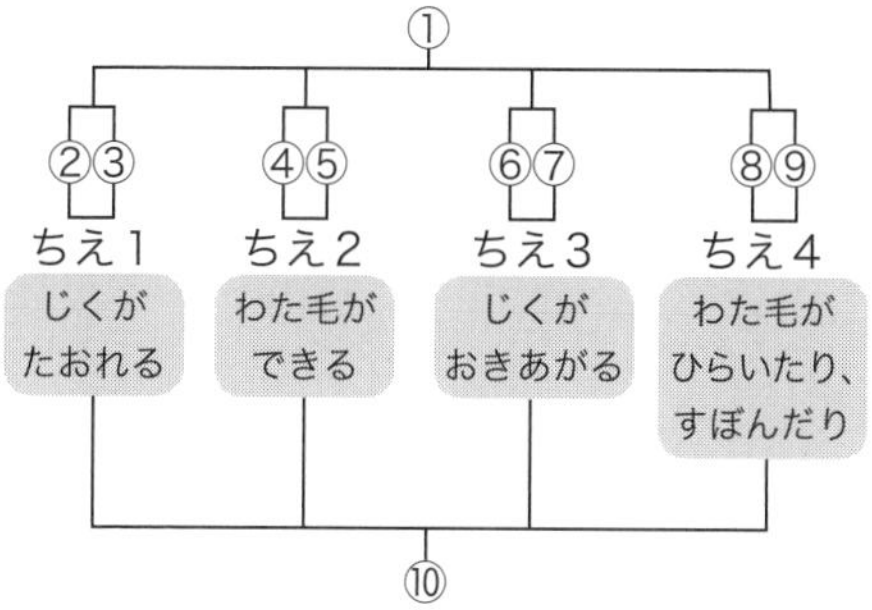
①
②③
ちえ1
じくがたおれる
④⑤
ちえ2
わた毛ができる
⑥⑦
ちえ3
じくがおきあがる
⑧⑨
ちえ4
わた毛がひらいたり、すぼんだり
⑩

この授業のキモはここ！

説明文を論理的に理解するためには、**主語、文、段落の意識を持って読み解く習慣を身につけることが大切**です。具体的には「文や形式段落の主語は？」「問いの文は？」「答えの段落は？」といった意識です。

ただし、この教材文には明確な問題提起がされていませんので、「たんぽぽのどんな知恵が、いくつ説明されていますか」と、教師が発問するとよいでしょう。このような課題を与えると、子どもたちはさまざまな答えを挙げます。

子どもたちの思考を拡散することは大切なことですが、そのまま授業を終えてはいけません。**拡散した思考は教師が一つの方向に収束させなければいけない**のです。

たとえば、第四段落の「わた毛ができる」と、第五段落の「わた毛がらっかさんになる」が「たんぽぽのちえだ」という答えが出たとしましょう。これは同じ答え、つまり一つの「ちえ」としてまとめてよいのでしょうか。それとも別々な「ちえ」だと教えるのがよいのでしょうか。また、子どもたちに、その理由を論理的に説明できるでしょうか。

この教材の場合、その手段となるのが形式段落の主語を考えることです。第四段落と第五段落の形式段落の主語はどちらも「わた毛」です。ですから、この二つは「わた毛ができるちえ」として、一つにまとめるほうがよいのです。

授業の流れ

5分 みんなで読む。

春になると……

10分 問題を提示する。

たんぽぽのどんな
知恵が、いくつ
説明されている？
ハイ！
ハイ！

15分 形式段落の主語を探し、意味段落に分ける。

指導のコツ①
（86ページ）

たんぽぽのちえ
②じく
③じく
じく1
②と③は一つの
まとまりだ。

15分 どんな知恵があるかを考える。

指導のコツ②
（88ページ）

次はどんな知恵が
書かれているか、
考えてみよう。

形式段落の主語をとらえるための発問

「たんぽぽのちえがいくつ書かれているか」を考えるときは、形式段落の主語をとらえることが重要になります。こうすることで、教材文をぶつぎりにせず、まとまりとしてとらえることができるからです。**低学年の子どもたちには「何について書かれた段落ですか」と発問するとよいでしょう。**

第七段落の形式段落の主語については、なかなか正解が出ないかもしれません。私の授業でも「せい」「わた毛」「たね」など、いろいろな意見が出ました。ただし、どれも正解ではありません。**書かれている文章のみから探そうとすると、答えにたどり着くことができない**のです。

そこで私は「だれが『こんな こと』（＝おきあがり、ぐんぐんのびる）をするのですか」と投げかけました。このような考え方を身につけることで、「（たんぽぽの）じく」という正解を導くことができるのです。

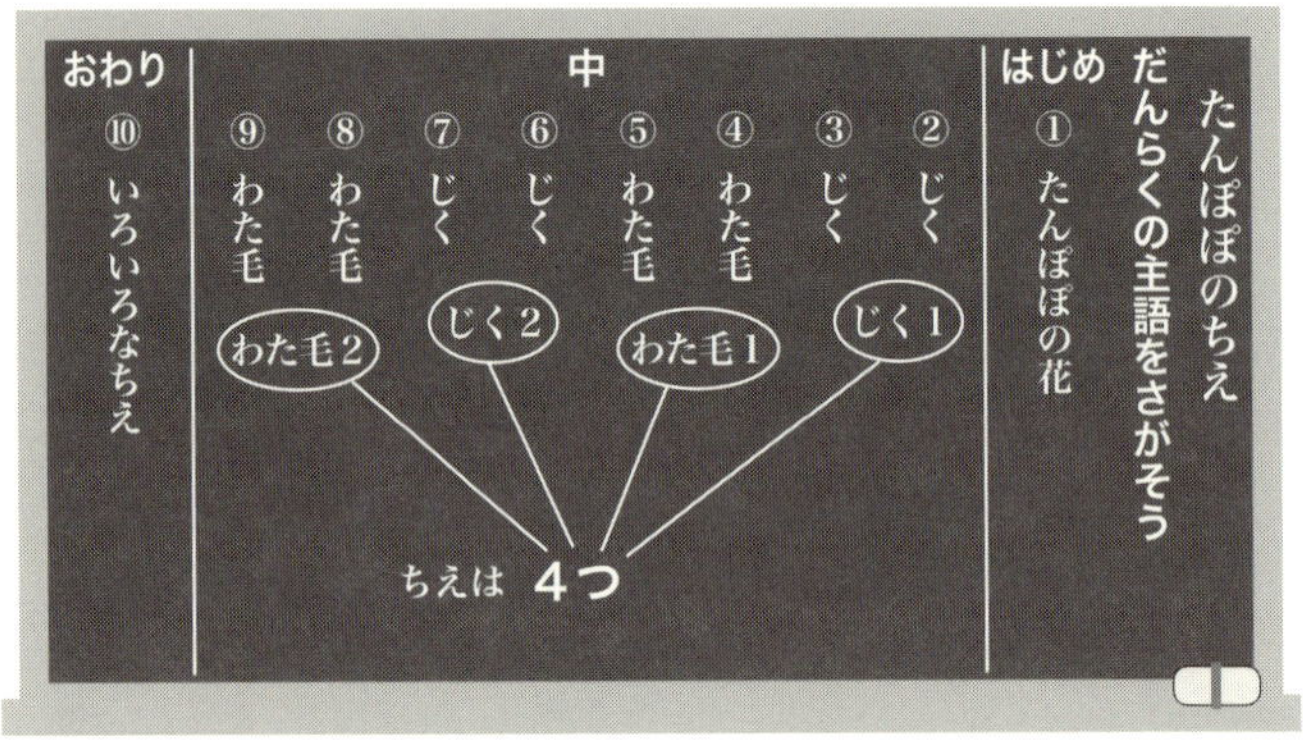

たんぽぽのちえ
だんらくの主語をさがそう
はじめ
① たんぽぽの花
中
② じく
③ じく
④ わた毛
⑤ わた毛
⑥ じく
⑦ じく
⑧ わた毛
⑨ わた毛
じく1
わた毛1
じく2
わた毛2
ちえは 4つ
おわり
⑩ いろいろなちえ

七段落の主語は？
せい
わた毛
たね
だれが起き上がって
伸びるの？
たんぽぽの
じく！

論理的に考えるために段落の関係性を読む

形式段落の主語を考えることで、「中」は二つずつの段落がまとまりになっていることがわかりました。次は、その**まとまりの関係性を考えることで、「たんぽぽのちえ」の内容を論理的にとらえます**。

たとえば、第二段落と第三段落の関係を見てみましょう。第二段落では「じくがたおれる」という動作を紹介し、第三段落では「たねにえいようをおくるため」という理由が説明されています。これが「ちえ1」の内容です。第四・五段落、第六・七段落の関係性もこれと同じです。

第八段落と第九段落の関係は、このパターンにあてはまりません。ここはそれぞれの段落で、「晴れた日（雨ふりの日）には、わた毛が○○をする」という動作と、その理由を説明しています。これがわかれば「ちえ4」の内容＝「天気にあわせて開いたりすぼんだりするのは、たねを無駄なく遠くへとばすため」ということも理解できるでしょう。

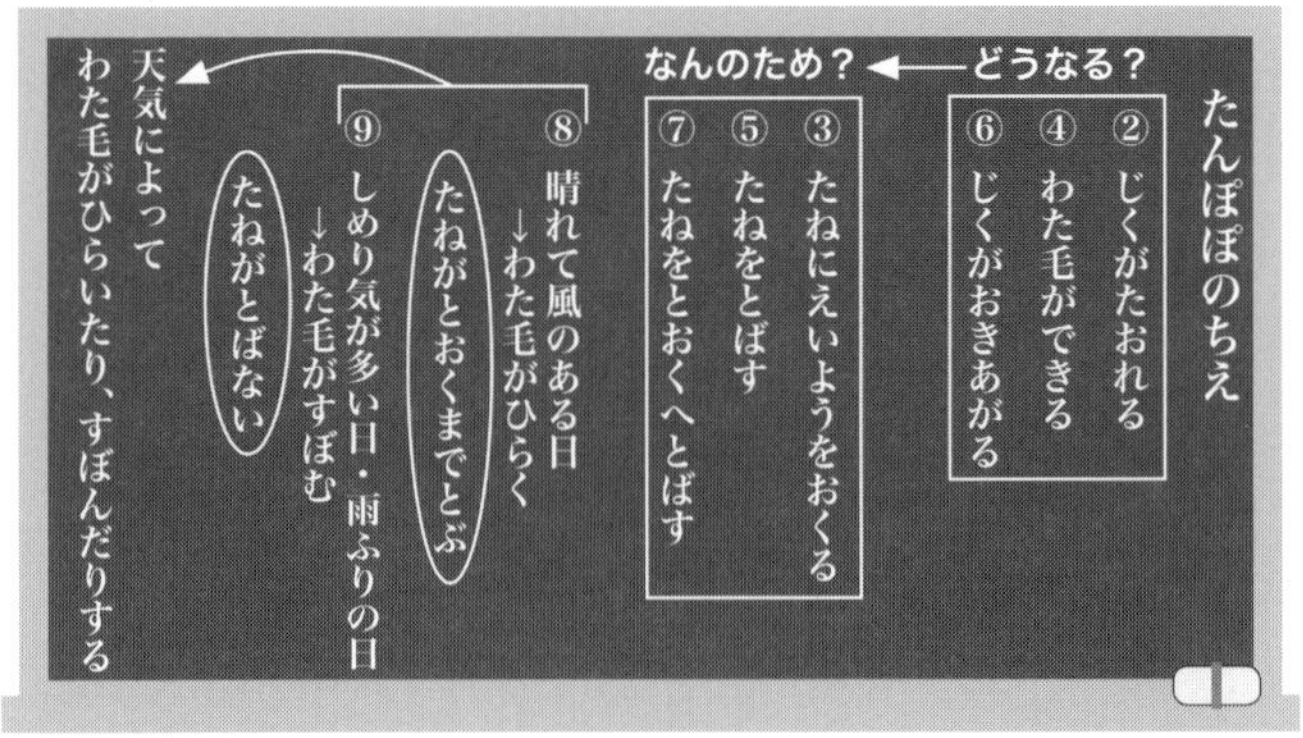
たんぽぽのちえ
どうなる？
なんのため？
② じくがたおれる
④ わた毛ができる
⑥ じくがおきあがる
③ たねにえいようをおくる
⑤ たねをとばす
⑦ たねをとおくへとばす
⑧ 晴れて風のある日
→わた毛がひらく
⑨ しめり気が多い日・雨ふりの日
→わた毛がすぼむ
たねがとおくまでとぶ
たねがとばない
天気によって
わた毛がひらいたり、すぼんだりする

二段落目と三段落目は、
どんな関係かな？
「どうなるか」と
「何のためか」が
書かれている。
八段落目と
九段落目は
少し違うよ。
晴れた日と雨の日で、
わた毛が開いたりすぼんだり
することが書かれている。
うんうん
グー！

要点指導にもつながる読みを

形式段落の主語を考える際は、「その段落の中で最も大切な一文はどれか」に着目する方法もあります。大切な一文の主語が形式段落の主語でもあるのです。大切な一文とは、段落をまとめていたり、筆者の考えを表していたりする一文のことです。「たんぽぽのちえ」のように一段落が一〜三文で構成されたやさしい教材では、この方法を使わなくても簡単に形式段落の主語が見つかります。しかし、高学年以上の複雑な説明文を読み解く際には、段落の中の大切な一文を探す方法が有効になってくるはずです。

大切な一文を見つけることは要点をまとめる訓練にもつながります。要点とは形式段落を簡潔にまとめたもののことで、まとめ方は次の通りです。

①形式段落がいくつの文からできているかを見る。
②最も大切な一文を抜き出す。
③形式段落の主語を、大切な一文の文末に置き、体言止めにする。

要点を書く活動は中学年で本格的に教えればよいのですが、低学年の段階からその素地を養っておくことで、スムーズな学習につながるはずです。

この単元のまとめ

ねらい

①主語意識、文意識、段落意識を持つ。

②形式段落の主語について理解する。

低学年では、主語意識・文意識・段落意識を身につけることが重要です。

形式段落の主語を理解し、文章をまとまりとしてとらえることで、説明文を論理的に読むことができるようになります。

こちらも参考に！

『白石範孝の国語授業の教科書』

→78、80、96、98ページ

合図としるし（学校図書三年上）

表を読んでまとめる授業

「合図としるし」は、こんな教材

中学年の説明文には「問い」と「答え」だけでなく、「実験・観察・調査・事例」等が入ってきます。

この教材は最初に問題提起をし（抽象）、四つの事例を紹介（具体）し、最後にまとめる（抽象）という、比較的単純な構成になっています。

大切なのは事例を詳細に読み解くことではなく、具体と抽象の基礎を学ぶことです。

単元計画案

次	時	学習活動
一	1 2	◎三部構成（はじめ・中・おわり）を読む。 ◎文章全体の構成から、つながりを読む。
二	1	◎「中」の部分の基本文型を読む。
	2（〜3）	◎表にまとめ、内容を整理する。 ◎表を読む。 ＊Step2では1時間で扱う場合を紹介しています。
三	1	◎筆者の主張を読む。 ◎文章構成図を書く。

この授業をクローズアップ

教材研究のポイント

①構成を理解する

教材文を「はじめ」「中」「おわり」の三つに分けます。「中」は、音・色・番号（数字）・記号（形や絵がら）という四つの具体例から成り立っていることを確認しましょう。

はじめ　①〜②

中　③〜⑯
- ◎音
- ◎色
- ◎番号（数字）
- ◎記号（形や絵がら）

おわり　⑰〜⑱

②基本文型に気づく

「中」の事例を説明する文章には特徴があります。「具体例を挙げる」→「これらは、○○」→「このように、××」という文型が使われているのです。

「中」の基本文型

具体例（チャイム、信号機など）
③、⑥、⑨、⑫⑬⑭
↓
「これらは、○○」
④、⑦、⑩、⑮
↓
「このように、××」
⑤、⑧、⑪、⑯

③表にまとめる

「中」は表を使ってまとめるとよいでしょう。横軸には比較している音・色・番号（数字）などといった具体例をとります。縦軸には使われ方や役割など、縦軸に共通する項目をとります。

	音	色	番号	記号
段落番号				
使われ方				
役割				
よさ				
その他				

この授業のキモはここ!

説明文を学習する中で身につけていきたいことの一つは、抽象が出てきたら「具体はどこにあるか?」という意識を持つことです。

説明文にはいろいろなレベルの具体と抽象があります。たとえば、ある具体例をまとめた抽象があるとしましょう。すると、その抽象をまとめるための抽象があります。さらに、それをまとめるための抽象が存在することもあります。

「合図としるし」の中にも、いくつもの具体と抽象があります。その中で、「おわり」の第十七段落に「わたしたちの生活には、このようにひつようなことをすばやく知らせてくれる合図やしるしがたくさん使われています。」という一文があります。この文は文章全体をまとめる抽象です。ですから、ここを理解できれば、この作品を端的に理解することができるのです。

私はそのために表をつくって、読む(短い文章にまとめる)という授業を行います。表を読むためには、まず縦軸か横軸を基準にし、行(または列)ごとに文章にします。それをつなげ、一つの文章にすれば、作品全体のまとめをつくることができるのです。

どちらの軸を基準にまとめればよいか。それは作品を横断的にまとめられるほうの軸です。この作品の表(↓93、96ページ)では縦軸のそれぞれの項目でまとめるとよいでしょう。

授業の流れ

5分 みんなで読む。

人に何かを
知らせる
ときに……。
どうぞ。

10分 説明文の構成を確認。

大きく三つに分けられます。
はじめ
中
おわり

15分 抽象から具体を探す。表を読む。

指導のコツ①
（96ページ）

段落番号
使われ方
役割
よさ
その他（資料）
表を読んで、
まとめて
いくよ。

15分 自分の言葉でまとめる。

指導のコツ②
（98ページ）

合図としるしは、
音や光……。

抽象から具体を探す

実際の授業で「第十七段落の『このように』の具体はどこにありますか」と質問すると、「第三〜第十六段落」という答えが返ってきました。ただし、これではまだ抽象です。「もっと具体的には?」と問いかけると、「信号機」「消防車や救急車のサイレン」など、いろいろなものが挙がりました。しかし、これでは具体的すぎます。

そこで私は「表を読みとって、『このように』をまとめてみよう」と提案しました。表は前の授業でつくってあります。

表を軸ごとにまとめる活動をする際、すぐに「縦軸の項目をまとめよう」と教師が提案したのでは、学習になりません。**まずは縦軸・横軸のどちらの項目をまとめればよいかを子どもたちに考えさせましょう。**重要なことは、**どちらの軸をまとめれば「より作品の全体を見ることができるのか」**です。

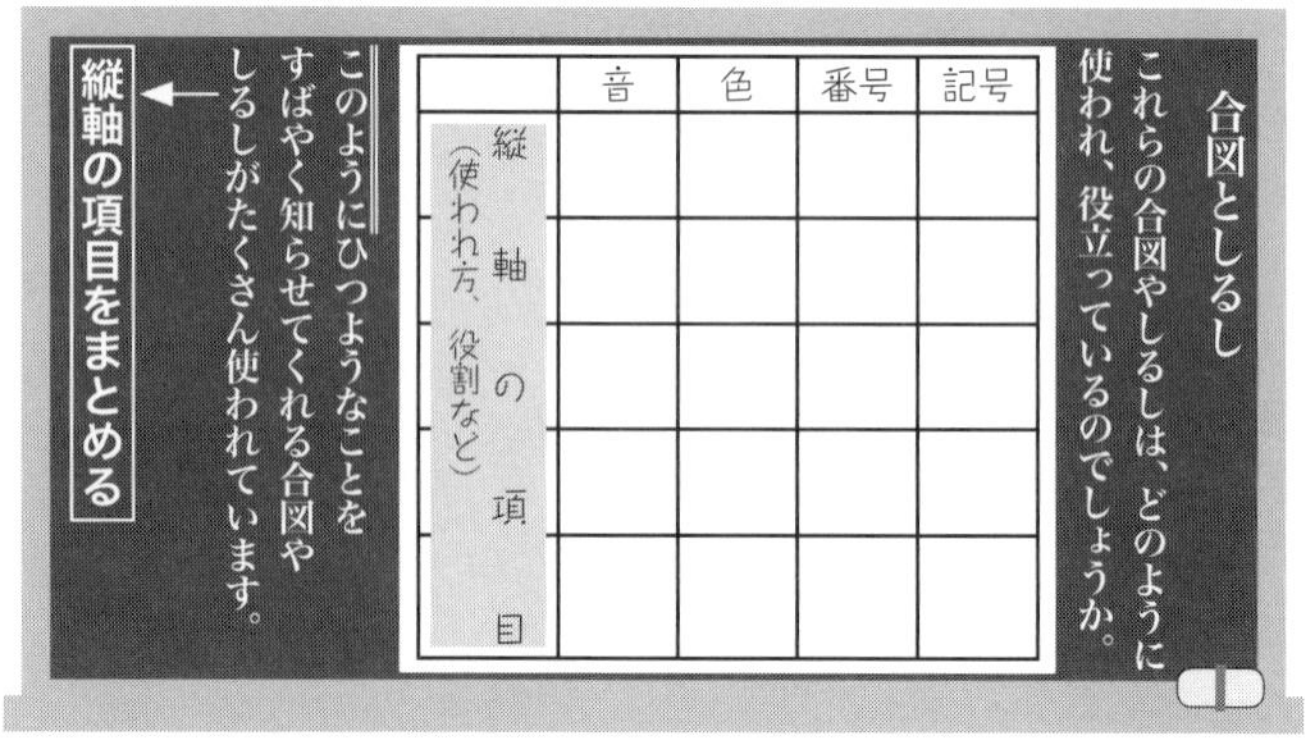
合図としるし
これらの合図やしるしは、どのように使われ、役立っているのでしょうか。
記号
番号
色
音
縦軸の項目
(使われ方、役割など)
このようにひつようなことをすばやく知らせてくれる合図やしるしがたくさん使われています。
縦軸の項目をまとめる

「このように」の具体はどこ？
三〜十六段落！
もっと具体的には？
信号機。
サイレン。
ゼッケン。
ゆうびん番号。
じゃあ、表をまとめてみよう。
どうやってまとめればいい？
縦軸に共通する項目を
一列ごとにまとめる！
音や色、
番号や記号などに
共通することを
まとめればいいね。

表を読んでまとめをつくる

表をまとめるときは、具体的すぎると長くなりますし、逆に抽象的すぎると意味が通じません。重要な項目に少し具体が入る程度がよいのです。この作品の表の場合は、「役割」や「よさ」が重要な項目にあたります。

また、**子どもたちに考えさせる際は、「書き始め」と「書き終わり」の文章を統一しておくとよい**でしょう。たとえば、「合図としるし（は・には）」で書き始め、「合図やしるしがたくさん使われています（いるのです）」で書き終える、などです。このように指導すると、次のようにまとめられるのではないでしょうか。

「合図としるしは私たちの生活に溶け込んでいます。音には知らせる、色や数字には分ける、記号にはひつようなことをすばやく知らせるといった共通点があります。どれもわかりやすく、伝わりやすいのがとくちょうです。だから、合図やしるしがたくさん使われているのです」。

合図としるし

縦軸のそれぞれの項目をまとめる

使われ方
さまざまな場所で使われる

役割（知らせること）
さまざまな役割がある
◎音→知らせる・伝える
◎色→合図・分ける
◎番号（数字）→区別・整理
◎記号→あんぜん・ひつようなこと

よさ
◎音→目に見えなくても伝わる
◎色→すぐわかる
◎番号（数字）→かんたんにまとめる
◎記号→ひと目でわかる

文章にする

書き始め　合図としるし（は・には）
書き終わり　合図やしるしが たくさん使われています。

表にある「使われ方」の軸を
まとめるとどうなる？
げんかんのチャイムや
サイレン、信号機、ゼッケン、
ひょうしきなど。
それだと具体的すぎます。
わたしは
「生活のさまざまな場所」が
いいと思います。

基本文型を使って

この教材文の最後は「身近にあって意外に気づかない合図やしるしに、あらためて目をとめてみましょう。」となっています。ですから、多くの先生方がいろいろな合図やしるしを探す活動を行うはずです。調べた結果を発表させて終わりでもよいのですが、私は「他へ転移できる力」をつけるために、「自分で調べた合図やしるしを、教材文で使われている文型にあてはめて書いてみよう」という活動を行います。

第三〜第十六段落の「中」の部分は具体例を挙げて説明をしていますが、その文章には特徴があります。それは**「具体例（使われ方の説明）」→「これらは……（役割の説明）」→「このように……（よさの説明）」という基本文型で構成されていること**です。この文型は、他人に物事を説明したり、自分の考えを論理的に説明したりするための一つの方法です。私はこの説明文を学習する大きな意味は、この方法を身につけさせることにもあると考えます。

何事もそうなのですが、一つのことを学習しても、それをほかのことに活用できなければ意味がありません。学習したことをどう生かすか。教師が考えるべきは、そこなのです。

この単元のまとめ

ねらい
①内容を整理して表をつくる。
②表を読み取り、まとめをつくる。
③筆者の主張をとらえる。

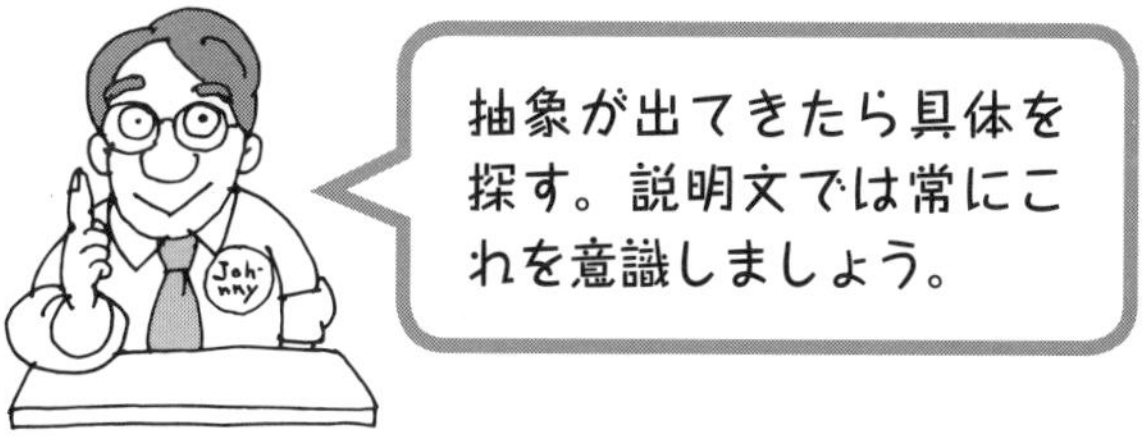
抽象が出てきたら具体を探す。説明文では常にこれを意識しましょう。

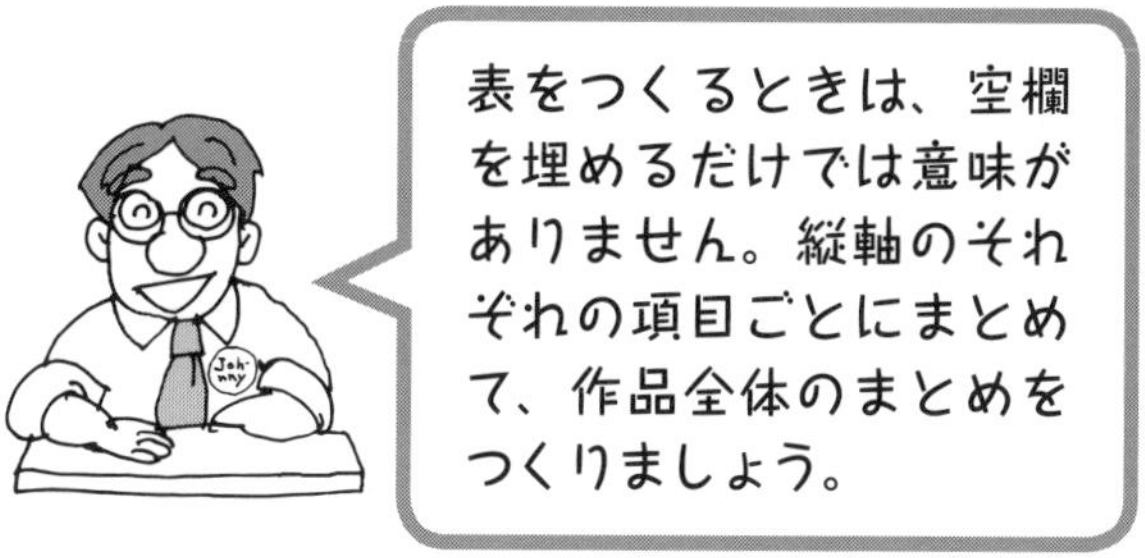
表をつくるときは、空欄を埋めるだけでは意味がありません。縦軸のそれぞれの項目ごとにまとめて、作品全体のまとめをつくりましょう。

白石範孝の国語授業の教科書
白石範孝［著］
これでいいのか?! 国語授業

こちらも参考に！

『白石範孝の国語授業の教科書』
→ 82、106、110 ページ

むささびのひみつ（学校図書四年上）

丸ごとの読みで段落のつながりをとらえる授業

「むささびのひみつ」は、こんな教材

この教材は中学年の説明文の中でも少し複雑な構成になっています。複数の問いがあるため、答えも複数あり、そのうちの一つは「**隠された問い**」だからです。

さらに、むささびという、あまり身近でないものを対象にした教材でもあります。ほとんど前提知識がない対象について書かれた文章を、いかに読み解くかもポイントです。

単元計画案

この授業をクローズアップ

次	時	学習活動
一	1（～2）	◎題名を問いの文にして、答えを読む。 ◎三部構成（はじめ・中・おわり）を読む。 ＊Step2では１時間で扱う場合を紹介しています。
二	1 2	◎問いと答えの関係から文章の構成を読む。 ◎「ひみつ」の内容と数を確認する。
三	1	◎文章構成図をつくり、全体構成を読む。 ◎筆者の主張をまとめる。

教材研究のポイント

①三つに分ける

教材文を「はじめ」「中」「おわり」の三つに分けます。その際、問いの段落はどこか、それに対する答え・説明の段落はどこかをおさえておきましょう。

はじめ　①

中　②〜⑭
- ◎問いの段落……②、⑨、⑪
- ◎答え・説明の段落……③〜⑧、⑩、⑫〜⑭

おわり　⑮

②「中」を考えよう

「中」の部分で、どんな実験や観察をしているか、結果はどうだったか、それによって何を説明しているかをまとめましょう。

せん風機の実験＝まく

まず、てのひら……
→次に、うちわ……
→今度は、うちわをななめに……

飛びうつる様子を観察＝尾

尾を船のかじのように使う

③ひみつがいくつあるか

教材文には「飛びうつるひみつ」「木の上でくらすひみつ」の二つしか書かれていないように思われます。しかし、「飛びうつるひみつ」は「飛ぶひみつ」「飛び回るひみつ」に分けて説明されています。

ひみつ1　飛びうつるひみつ
- 飛ぶ
- 飛び回る

ひみつ2　木の上でくらすひみつ

この授業のキモはここ!

この教材を学習する目的は「むささびの生態について詳しく知ること」では、もちろんありません。ですから、第一段落から詳細に読み込む必要はありません。**重要なのは、どの段落が問いなのか、どの段落がそれに対する答え・説明なのかをとらえることです。それが筆者の主張を正しく理解することでもあります。**ですから、作品を丸ごと読んで、そのつながりを理解することに重点を置くとよいでしょう。

私の授業では、**題名からつくった問いの答えを探すこと、全体を三つに分けること、この二つの課題を解決することで、問いと答えを明確にしていきます。**特に前者では、「内容(どんな・何、など)」と「数(いくつ、など)」を尋ねる問いを必ず設定してください。子どもたちから挙がってこない場合は、教師がヒントを与えてもよいでしょう。最終的には、むささびには「飛ぶひみつ＝まくの役割」「飛び回るひみつ＝尾の役割」「木の上でくらすひみつ＝生き残る知恵」という三つの「ひみつ」があることを、子どもたちが理解できるようにします。

また、授業の中では「問いと答えは切り離せない」「形式段落の主語が同じものは一つのまとまり(主語連鎖)」といった、いくつかの原理・原則を教えます。これらの原理・原則はいろいろな説明文にも応用できますので(例外もありますが)、この教材に限らず繰り返し教えてください。

授業の流れ

5分 題名から問いをつくる。

むささびのひみつって
なんだろう？
むささびのひみつは
いくつ

25分 三つに分けたときの「はじめ」はどこまで？

指導のコツ①
（106 ページ）

二段落の問いに
対する答えは
どの段落？

5分 「おわり」はどこから？

指導のコツ②
（108 ページ）

十三段落は
何について
書かれている？

10分 題名からつくった問いに答える。

むささびのひみつは
いくつありましたか？
三つ！

問いと答えは切り離せない

この教材文の「はじめ」をどこまでにするか。ここで使う原理・原則は**「問いと答えは切り離せない」**というものです。これは、**複数の問いがある場合は、問いと答えを一つのまとまりとして考えるということ**です。

「むささびのひみつ」の問いは、第二段落の「どうして……飛びうつることができるのでしょうか」と、第十一段落の「……どうして木の上でくらしているのでしょうか」が、まず挙がるはずです。それに、第九段落にも隠されている問いがあります。「しかし、これだけでは……分かりません。」には「では、もう一つのひみつはなんでしょうか」などと続けることができるからです。

第二段落の答えは第三～八段落、第九段落の答えは第十段落にあります。問いと答えは切り離せませんので、これらは一つのまとまりだということです。ですから、「はじめ」は話題を提示する第一段落のみ、なのです。

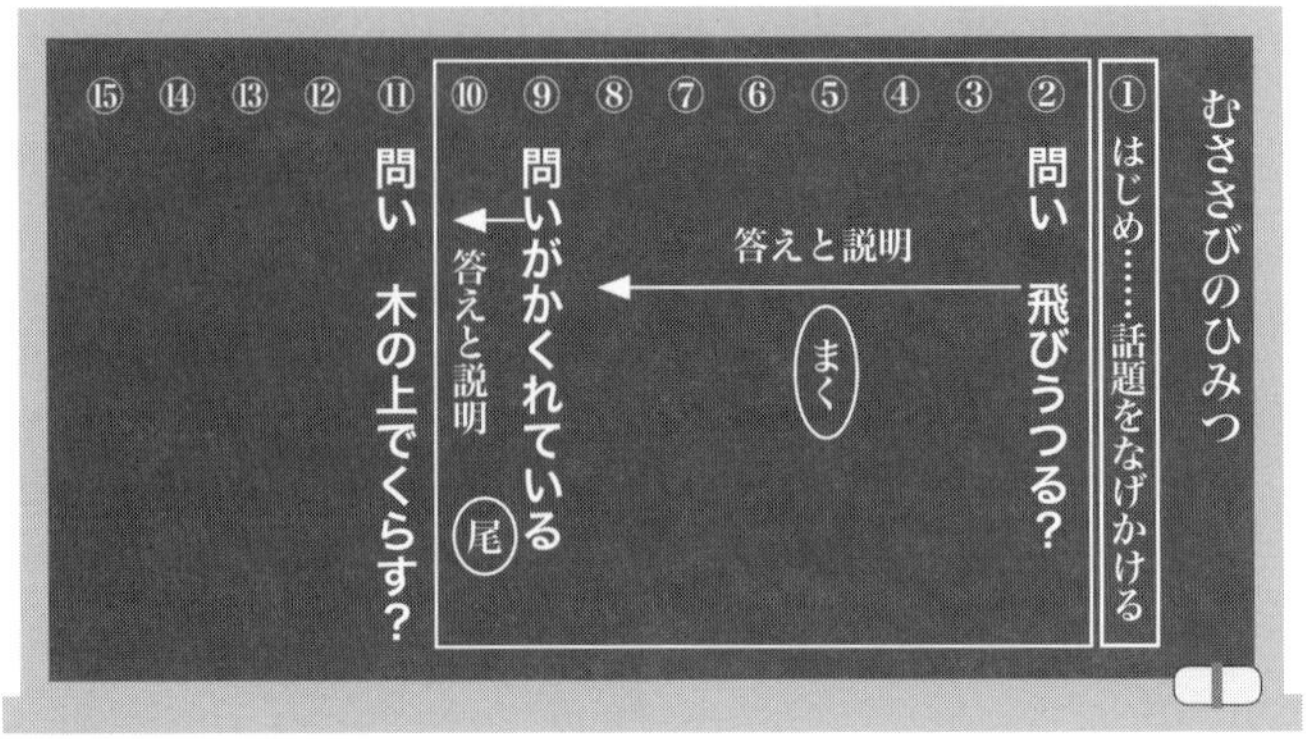
むささびのひみつ
① はじめ……話題をなげかける
② 問い　飛びうつる？
答えと説明
まく
③
④
⑤
⑥
⑦
⑧
⑨ 問いがかくれている
答えと説明
尾
⑩
⑪ 問い　木の上でくらす？
⑫
⑬
⑭
⑮

「はじめ」は
どこまで？
①〜③
①と②
①〜④
問いと答えは一つの
まとまりとして
考えるんだよ。
問い
答え
じゃあ「はじめ」は
①だけだ！

形式段落の主語

この教材で「おわり」を判断する場合は、形式段落の主語は何かを考えるとよいでしょう。何について書かれた段落か、ということです。第十一～十五段落の形式段落の主語は次の通りです。

⑪むささび
⑫むささび
⑬むささび
⑭むささび
⑮動物

第十三段落は子どもたちが迷うかもしれませんが、「『ゆたかな森の木々』は誰にとって、どうしても必要なの？」と問えば、「むささび」という答えが返ってくるはずです。

形式段落の主語が同じものを一つのまとまりとするのが原理・原則です。これを**主語連鎖**と言います。ですから、「むささびのひみつ」の「おわり」は第十五段落のみ、なのです。

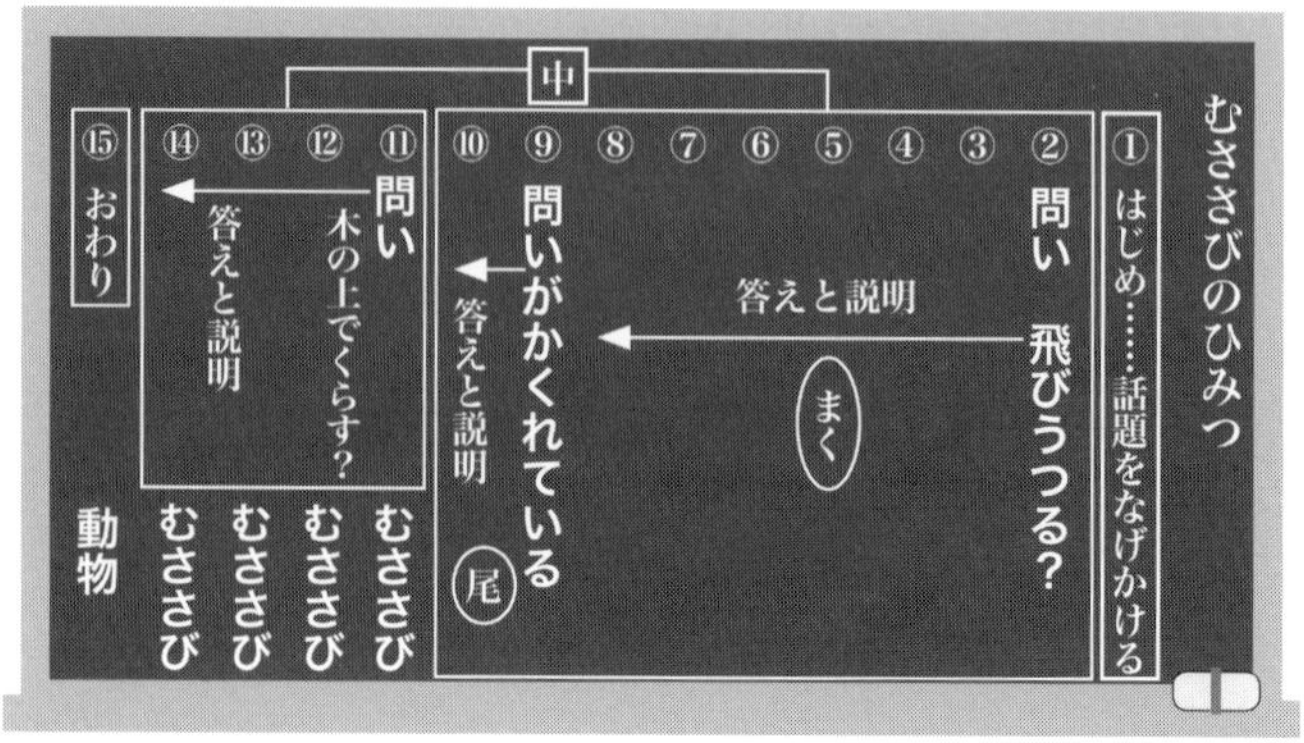
むささびのひみつ
① はじめ……話題をなげかける
中
② ③ ④ ⑤ ⑥ ⑦ ⑧ ⑨ ⑩
問い　飛びうつる？
答えと説明
まく
問いがかくれている
答えと説明
尾
⑪ ⑫ ⑬ ⑭
問い
木の上でくらす？
答えと説明
むささび
むささび
むささび
⑮ おわり
動物

「おわり」は何段落から？
⑬
⑭
⑮だけ。
⑮だけ、むささびについて
書かれていないよね。
じゃあ「おわり」は
⑮だけだ！

文章から図を考える

この教材には扇風機を使って風を受ける実験が例示されています。そして、実験を説明するための図が二点掲載されています。私はこの授業をする際、**教科書を使わず、文章のみのプリントを子どもたちに配ることがあります。文字情報のみから実験の方法・結果を的確にとらえさせるため**です。

文章のみの教材を読んだ子どもたちに、「第六段落にある図①と第七段落にある図②を描いてみよう」という課題を与えました。すると、Ⓐ扇風機の正面に立ってうちわをかざした図と、Ⓑ扇風機の横から腕を突き出してうちわをかざした図が提出されました。どちらのほうがよいか議論を進めると、Ⓐでは右手だけでなくからだ全体で風の力を感じるため、「うちわが風を受けて、右手全体で風の力を感じますね。」という記述と矛盾する。だから、Ⓑのほうがよい、という結論になりました。

私の授業ではここまでで終わりましたが、工夫すればほかの課題を与えることもできます。たとえば、飛んでいないむささびの写真を見せて、「うちわの実験から、むささびの飛んでいる姿を想像し、絵を描いてみよう」という課題をつくることができます。また、第十段落にある尾の観察にはもともと図がついていないので、「船のかじの働きと、むささびの尾の使い方を図にしてみよう」という活動もできるでしょう。

この単元のまとめ

ねらい ①問いと答え・説明の関係など、段落の役割・つながりを考えながら読む。

説明文中に複数の問いがある場合、問いと答えは一つのまとまりです。「はじめ」「中」「おわり」に分ける際、切り離すことはできません。

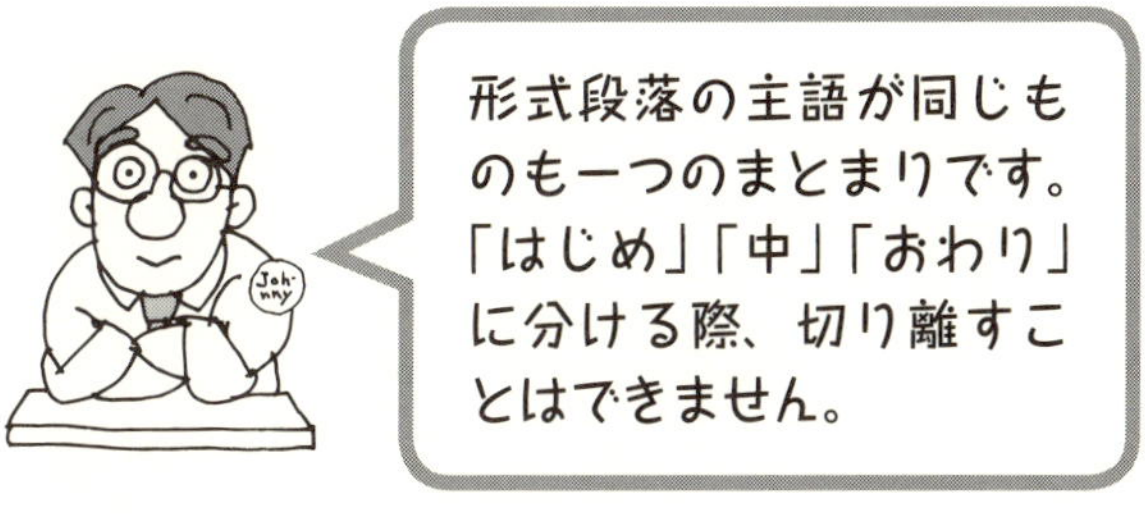

形式段落の主語が同じものも一つのまとまりです。「はじめ」「中」「おわり」に分ける際、切り離すことはできません。

こちらも参考に！

『白石範孝の国語授業の教科書』

→ 82、88、92、94、102 ページ

和紙の心（学校図書五年上）

題名に込められた筆者の主張を読む授業

「和紙の心」は、こんな教材

高学年の説明文の授業では、要旨をとらえることがポイントになります。

子どもたちは要旨というと「文章の最後に書かれていること」というイメージを抱きがちです。しかし、この教材は「問い」＋「事例」＋「答え」＋「要旨」というような、単純な構成になっていません。ですから、要旨を的確にとらえるための適切な教材といえるでしょう。

単元計画案

次	時	学習活動
一	1	◎題名から問いの文をつくり、その答えを書く。
	2	◎三部構成（はじめ・中・おわり）を読む。
二	1	◎表にまとめ、内容を整理する。
	2（〜3）	◎「和紙の心」の内容を読む。 ＊Step2では１時間で扱う場合を紹介しています。
	4	◎文章構成図から全体の流れを読む。
三	1	◎筆者の主張・要旨をまとめる。

この授業をクローズアップ

教材研究のポイント

①三つに分ける

全二十三段落、八ページの作品なので、一段落ずつ詳細に読み解いていては時間が足りなくなります。「はじめ」「中」「おわり」の三つに分け、丸ごととらえるとよいでしょう。

✕ 段落ごとに詳細な読み

○ 三つに分けて丸ごとの読み
- 「はじめ」……①〜④
- 「中」…………⑤〜⑲
- 「おわり」……⑳〜㉓

②表をつくる

「中」の部分では和紙と洋紙の「原料」「つくり方」「長所と短所」について説明されています。これを表にまとめます。

	和紙	洋紙
原料	コウゾ、……。	木の幹
つくり方		
長所と短所		

③要旨は何か

要旨をとらえるために、題名「和紙の心」から問いをつくります。問いを解決する過程で「おわり」の文章を自分たちでつくったり、構成を組み直したりする学習につなげます。

題名から問いをつくる

「和紙の心って……？」

↓ 答えを探す

要旨

この授業のキモはここ！

説明文の題名は「筆者の主張」「題材」「話題」などが、もとになっていることが多いです。そのため、**題名から問いをつくり、それを解決していくことで、読みの課題（要旨がどこにあるのか）が見えてくる**のです。

ですから、この授業では最初に、子どもたちには第十五〜十九段落の役割・意味づけに疑問を抱かせるように仕向けます。第十五〜十九段落が筆者の主張、すなわち要旨なのか、それとも第二十〜二十三段落が要旨なのか、という疑問です。

そのためには文章構成図を書かせるとよいでしょう。私のクラスでは第十五〜十九段落が前の段落のまとめとして下に付くのか、事例の一つとして並列に並ぶのか、意見が分かれました。子どもたちの議論は堂々めぐりになり、なかなか結論が出ません。そこで、私は「題名から問題をつくって、筆者の主張を考えてみよう」と提案したのです。

結論としては、第十五〜十九段落が筆者の主張ということになります。しかし、それで終わりではありません。文章構成図を完成させ、第二十〜二十三段落の役割は何か、そして、この「おわり」でよいのか、この構成でよいのかなど、次の授業へと展開していきましょう。

授業の流れ

5分 隣どうしで音読。

15分 文章構成図をつくる。

10分 題名から問題をつくり、答えを探す。

指導のコツ①
（116ページ）

15分 正しい文章構成図をつくる。

指導のコツ②
（118ページ）

抽象が出てきたら具体を探そう！

子どもたちに「和紙の心」という題名から問題をつくらせると、「和紙の心ってどんな心？」「和紙の心っていくつあるの？」などの意見が出るはずです。

問題ができたら本文中から答えを探します。たとえば、「和紙の心ってどんな心？」という問題の答えは、第十九段落にある「豊かな心」が挙がるはずです。ただ、これではまだ抽象です。**「第十九段落の具体はどこにあるのか」**と問い、さらに思考をゆさぶりましょう。

最終的には、第十六段落の「物を包む」「決まった形に折る」「真心を包む」「形にしてわたす」、第十八段落の「先人のちえ」「美への意識」「豊かな感性」、さらには第十七段落の「和らぐ」「和む」などといった答えが出せれば、第十五〜十九段落が筆者の主張であることを理解できるはずです。

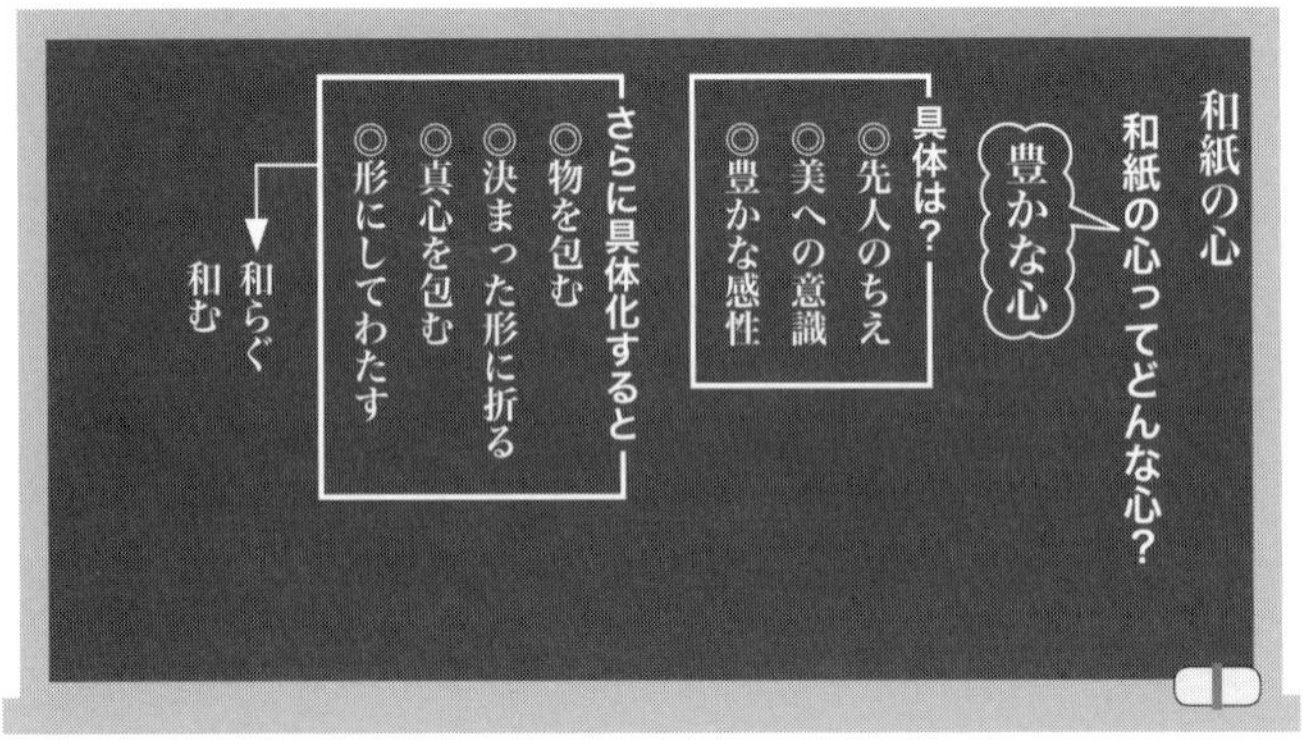
和紙の心
和紙の心ってどんな心？
豊かな心
具体は？
◎先人のちえ
◎美への意識
◎豊かな感性
さらに具体化すると
◎物を包む
◎決まった形に折る
◎真心を包む
◎形にしてわたす
和らぐ
和む

和紙の心って、
どんな心？
豊かな心！
その具体はどこにある？
先人のちえ！
もっと具体的な
言葉があるよ。
真心を包む。

主語連鎖で文章構成図を完成させる

私のクラスでは、いったんまとまった文章構成図を見ていた子どもたちから「なんかモヤモヤする」という発言が出ました。

その原因を見つけるために使えるのが**主語連鎖**です。形式段落の主語は次の通りです。

第一～四段落…………和紙と洋紙
第五～十段落…………和紙と洋紙
第十一～十四段落……和紙
第十五～十九段落……和紙
第二十～二十三段落……和紙

これを見ればモヤモヤの原因がわかるはずです。第五～十段落と第十一～十四段落は形式段落の主語が異なるのに並列になっていたのです。そこに気づいた子どもたちは正しい文章構成図を導き出すことができました。

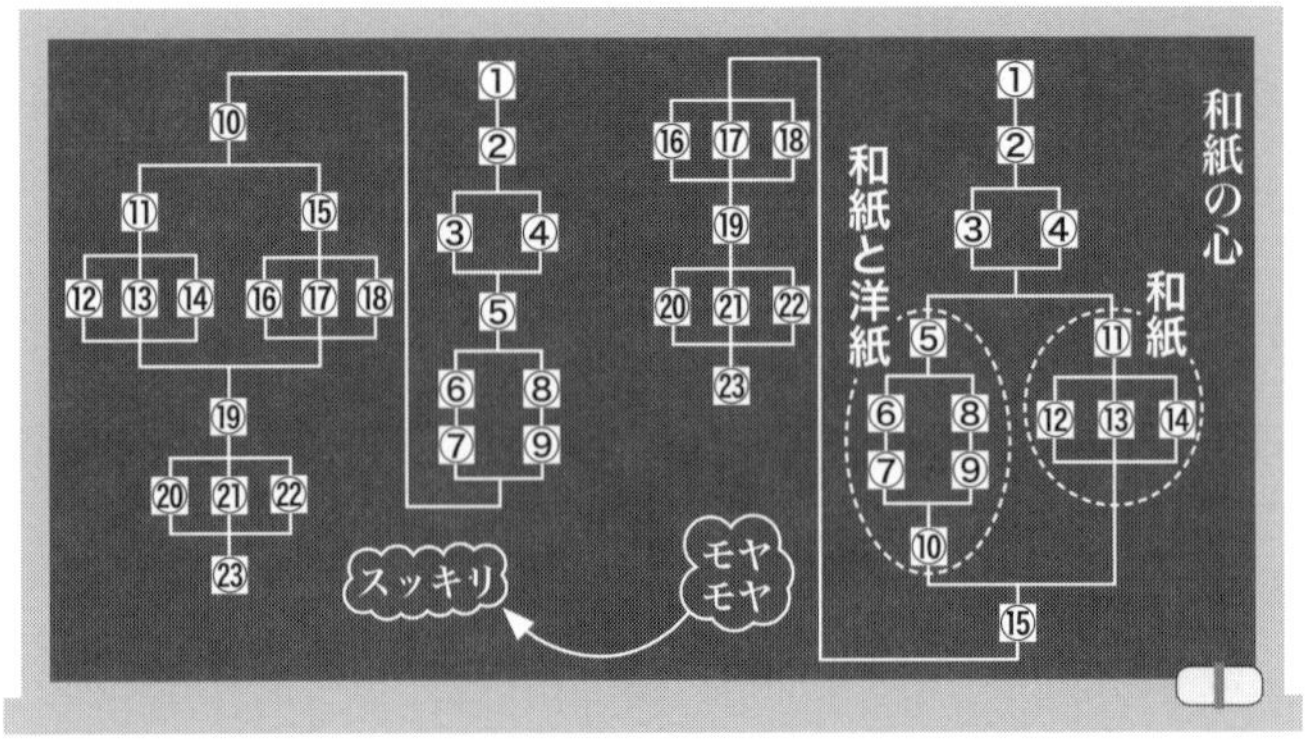

さあ、文章構成図が
できたね。
これでいいかな。
なんかモヤモヤ
するんだよね。
16
5
19
6 8
7 9
20 21 22
10
23
じゃあ、形式段落の主語を
見てみよう。⑤～⑩は？
和紙と洋紙。
何か気づいたかな？
形式段落の
主語が違うのに
並列になってる！

こんな授業展開も可能です

「和紙の心」は二〇一一年の教科書改訂で一部が変更になりました。改訂以前のものは十八段落構成でした。現在の第十五～十九段落が入っていなかったのです。ですから、以前の教科書では題名の「和紙の心」については、ほとんど触れられていませんでした。私はそのことを利用し、**「和紙の心っていう題名なのに、心についてはほとんど書かれていませんね。では、みんなでつくってみましょう」**という活動を行っていました。

現行の教科書の構成では第十五～十九段落に筆者の主張があり、そこで終わってもよいように感じますが、さらに続きます。ですから、第二十～二十三段落との関係を考えることで、子どもたちが自分なりの構成をつくるなど、広がりを持たせることができるようになりました。

逆に、旧教科書の手法を生かすこともできます。たとえば、最初は教科書を読まずに、第十五～十九段落を割愛したプリントを配り、みんなでまとめをつくるところまで進みます。そして、教科書を見て「実は……」という具合に筆者の主張と自分でつくったまとめをくらべる、といった活動を行うのです。

この単元のまとめ

ねらい

①表をつくって、和紙と洋紙の違いを整理。
②題名から問いをつくり、要旨をとらえる。

題名から問いをつくると読みのポイントが見えてきます。

文章構成図をつくることで、全体の流れ、まとまり（意味段落）ごとの役割、具体は何か・抽象は何か、などを整理することができます。

こちらも参考に！

『白石範孝の国語授業の教科書』

→ 88、90、92、104、106 ページ

生き物はつながりの中に（光村図書六年）

論理的な説明文を論理的に理解する授業

「生き物はつながりの中に」は、こんな教材

この教材文は子どもたちにとって初めて出会う論理展開かもしれません。第一段落で「A≠B」であると説明しながら、第二段落で「一見、A＝Bのように見えます」と続け、それ以降で「しかし、A≠Bなのです」という展開になっているのです。

六年生の説明文は大人が読む文章に近づきます。**論理的に考える、また論理的に説明する手法**を学びましょう。

単元計画案

次	時	学習活動
一	1	◎題名を問いの文に書き換える。 ◎答えを予想して書く。
	2	
二	1	◎三部構成（はじめ・中・おわり）を読む。
	2（〜3）	◎「生き物の特徴」とは何かを読む。 ◎文章構成図を書き、全体のつながりを読む。 ＊Step2では1時間で扱う場合を紹介しています。
三	1	◎筆者の主張・要旨をまとめる。 ◎題名の続きを書く。

この授業をクローズアップ

教材研究のポイント

①構成をつかむ

第一段落と第二段落の関係、第二段落の役割、第七段落とそれ以前のつながり、などをとらえます。教材文を「はじめ」「中」「おわり」の三つに分けると理解しやすいでしょう。

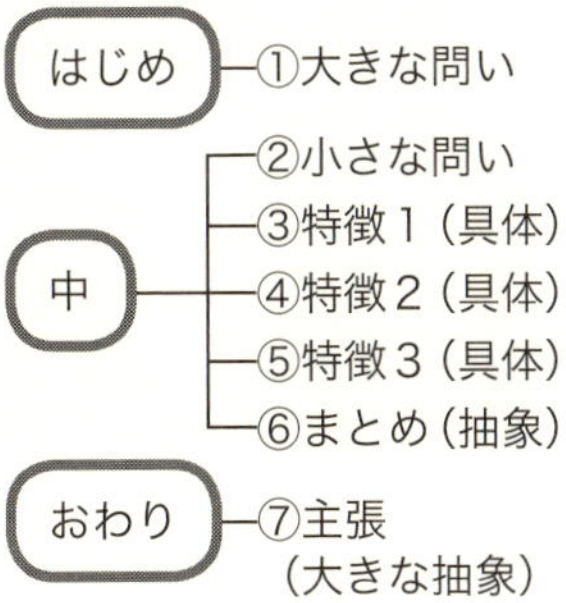
はじめ
①大きな問い
中
②小さな問い
③特徴１（具体）
④特徴２（具体）
⑤特徴３（具体）
⑥まとめ（抽象）
おわり
⑦主張
（大きな抽象）

②生き物の特徴は何か

第一段落に「生き物の特徴をさぐってみましょう」とあります。この問いに対する答えを文中から探します。

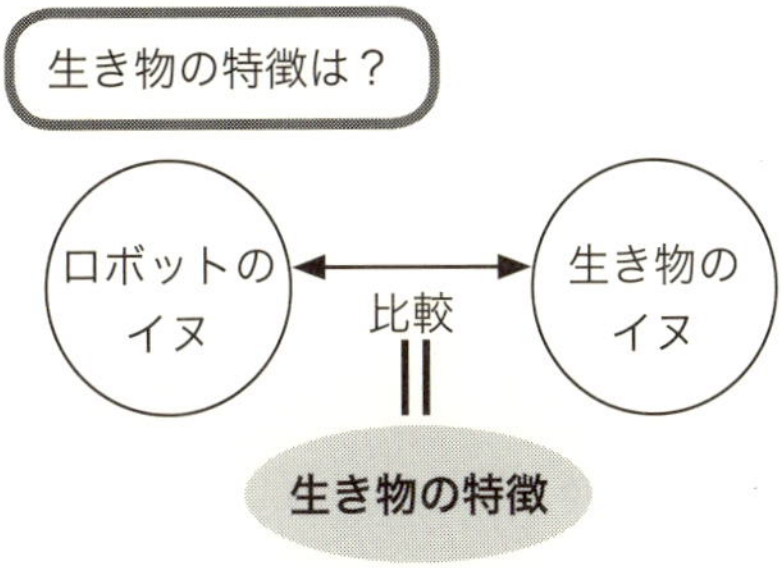
生き物の特徴は？
ロボットの
イヌ
生き物の
イヌ
比較
生き物の特徴

③筆者の主張をまとめる

題名を手がかりにして筆者の主張をとらえます。その際「題名の続きを書く」という手法を用いてもよいでしょう。

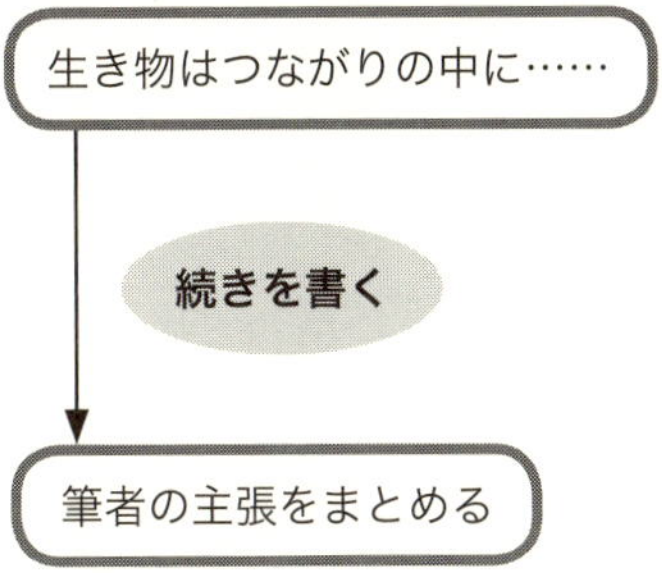
生き物はつながりの中に……
続きを書く
筆者の主張をまとめる

この授業のキモはここ！

この教材は、生き物の特徴を説明するために、ロボットのイヌと生き物のイヌを比較するという手法をとっています。五年生までの説明文ではこのような手法はあまり見られず、対象を直接説明することが多いです。たとえば、本書でも紹介した「むささびのひみつ」では、むささびの特徴を説明する際、むささびそのものにスポットをあてています。決して鳥などと比較して、むささびの特徴を強調したりはしていません。

このような**少し複雑な文章から筆者の主張を的確にとらえるために、第二段落の役割を理解することに重点を置きます。**ストレートに「第二段落の役割は？」という問いを投げかけてもよいと思いますが、私の授業は少し違います。**「生き物の特徴を探す」**ことで第二段落の役割が見えてくるようにしているのです。

文中に書かれている「生き物の特徴」は、第三段落の「外とつながっている」、第四段落の「一つの個体として時間をこえてつながっている」、第五段落の「過去や未来の生き物たちとつながっている」の三つです。これがわかれば、子どもたちは**「つながり」**というキーワードを発見することができます。**このキーワードと題名とを関連させ、筆者の主張を読みとる授業につなげましょう。**

授業の流れ

5分 みんなで読む。

イヌ型ロボットを
知っていますか。

10分 教材の構成を確認する。

問いの段落は？
①

25分 第二段落の役割を考える。

指導のコツ①
（126ページ）

生き物の特徴は
いくつ書かれている？
4
?

5分 筆者の主張をとらえるための準備を行う。

指導のコツ②
（128ページ）

先生！ 題名に続きを
書けそうだよ。

問いと答えの関係から段落の役割を考える

第一段落に「生き物の特徴をさぐってみましょう」とありますから、「生き物の特徴はいくつあるのか。それは何か」を考えます。子どもたちはだいたい「四つ派」と「三つ派」に分かれます。その違いは、第二段落に書かれている「内と外とで物質のやりとりをする」を生き物の特徴とするかどうかです。

私の授業ではここで議論が行き詰まりました。そこで、私は**「まぎらわしいから、この段落を捨ててしまおうか」**と、問いかけてみました。すると、両派からいっせいに駄目だという声が挙がりました。その理由は「第二段落には共通点を挙げることで、相違点を強調するための役割があるから」というものでした。これがわかれば答えが出たも同然です。第二段落に書かれていることは生き物のイヌとロボットのイヌの共通点なので、生き物の特徴として挙げるには不十分なのです。

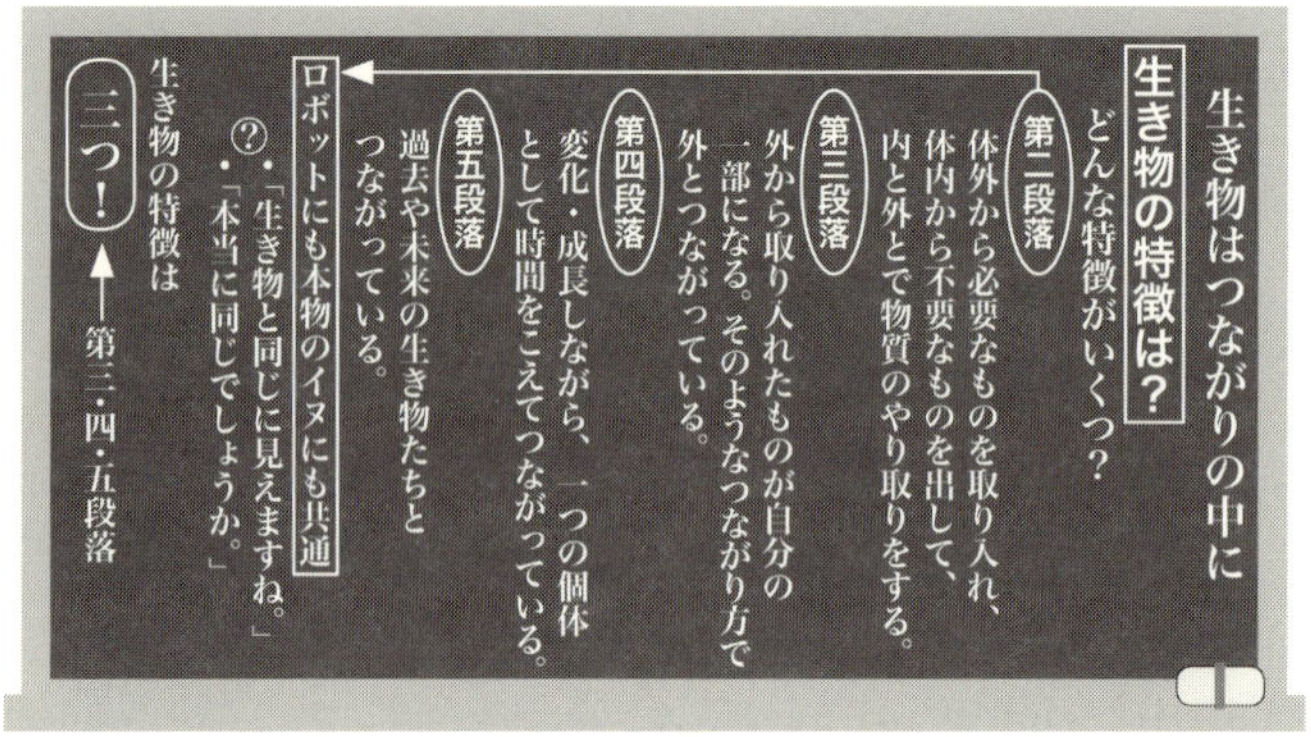

生き物はつながりの中に
生き物の特徴は?
どんな特徴がいくつ?
第二段落
体外から必要なものを取り入れ、
体内から不要なものを出して、
内と外とで物質のやり取りをする。
第三段落
外から取り入れたものが自分の
一部になる。そのようなつながり方で
外とつながっている。
第四段落
変化・成長しながら、一つの個体
として時間をこえてつながっている。
第五段落
過去や未来の生き物たちと
つながっている。
ロボットにも本物のイヌにも共通
?・「生き物と同じに見えますね。」
・「本当に同じでしょうか。」
生き物の特徴は
三つ!
第三・四・五段落

生き物の特徴は
いくつで、それは何？
三つ！
四つ。
まぎらわしいから
二段落は
いらないん
じゃない？
だめ！
相違点を強調して
いるから。
じゃあ、二段落は
生き物の特徴と
言えるかな？
だめ！
生き物だけの
特徴じゃないから。

題名から筆者の主張を考える

説明文の題名は「筆者の主張」「題材」「話題」がもとになっていることが多いです。「生き物はつながりの中に」には**筆者の主張**が込められています。

私の授業では「題名の続きを書き、主張をとらえる」という活動を行います。その授業を行う前に「題名に筆者の主張がある」ことに気づいた子がいました。その子は日記に「『生き物はつながりの中に』という題名には続きがありそう。そこに筆者の主張があるのではないか」と書いてきたのです。

六年生までにはたくさんの説明文を学習します。その授業を通して、この子は筆者の主張（要旨）という「用語」を覚え、「原理・原則」を知り、それを見つける「方法」を身につけ、この教材文においてそれらを活用したのです。

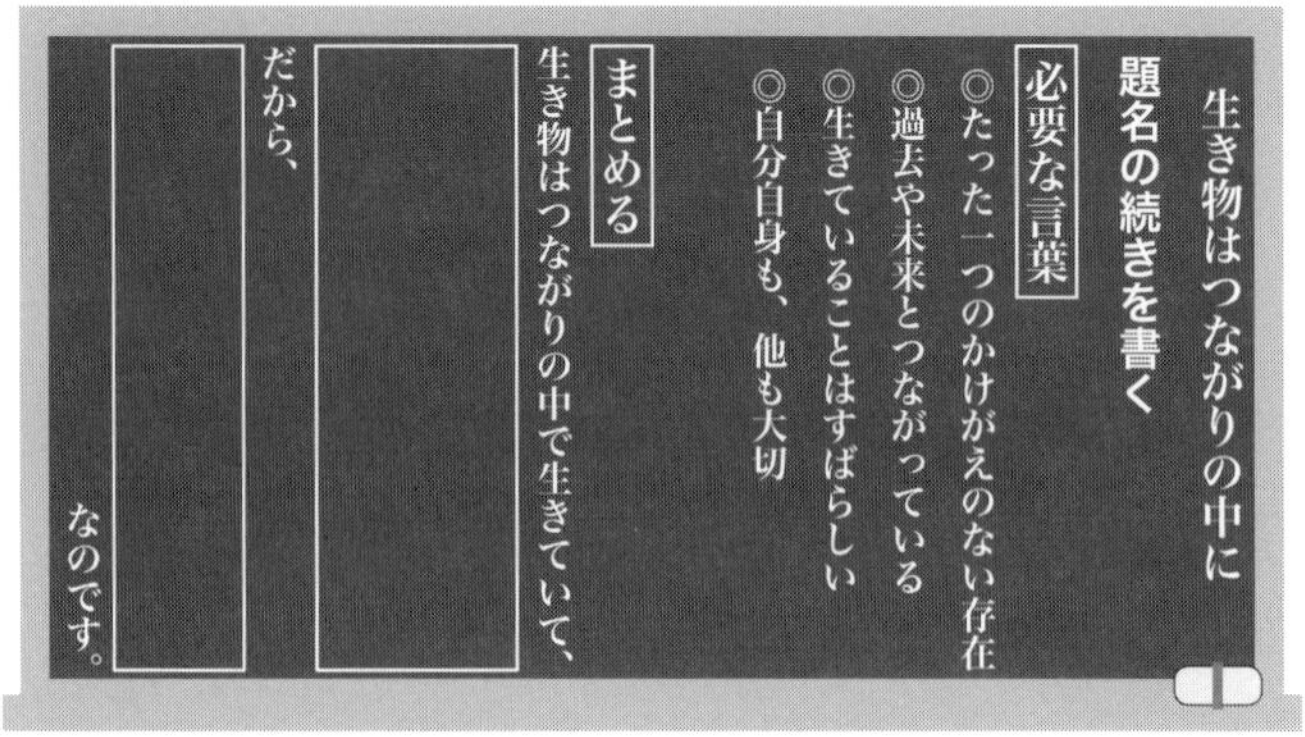
生き物はつながりの中に
題名の続きを書く
必要な言葉
◎たった一つのかけがえのない存在
◎過去や未来とつながっている
◎生きていることはすばらしい
◎自分自身も、他も大切
まとめる
生き物はつながりの中で生きていて、
だから、
なのです。

先生、この題名のあとに筆者の主張が続くんじゃないですか。
その通り！じゃあ、続きを書いてみよう。
「他へ転移できる力」が育っているな。
Good!!

題名の続きを書く活動を行うと、子どもたちからは次のような意見が挙がりました。

◎生き物はつながりの中に存在する、かけがえのないもの。

◎生き物はつながりの中に生きている。

◎生き物はつながりの中に時間を超えて他の生き物とつながり、生命をつないでいる。

どれも生き物の特徴を踏まえ、よくまとめられています。しかし、これではまだ不十分です。これらは**結論をまとめたものではありますが、筆者の主張とまでは言えない**からです。このような意見が出た場合は、教師が**「これだけでいいかな」「何かつけ加えることはないかな」などと問いかけ、最終の第七段落に注目するきっかけをつくるとよいでしょう。**

筆者の主張を理解するために

「あなたはかけがえのない存在」「自分自身と同じように他も大切」など、第七段落に書かれていることこそ、筆者が子どもたちに伝えたかったメッセージなのです。筆者はこのメッセージを伝えるために第一～六段落で「生き物の特徴がつながりである」ことを説明しました。抽象的な第七段落、すなわち筆者の主張を理解するためにも、「生き物の特徴はいくつあるのか。それは何か」をしっかり理解する必要があるのです。

この単元のまとめ

ねらい
①内容を整理して生き物の特徴をとらえる。
②筆者の主張を理解する。

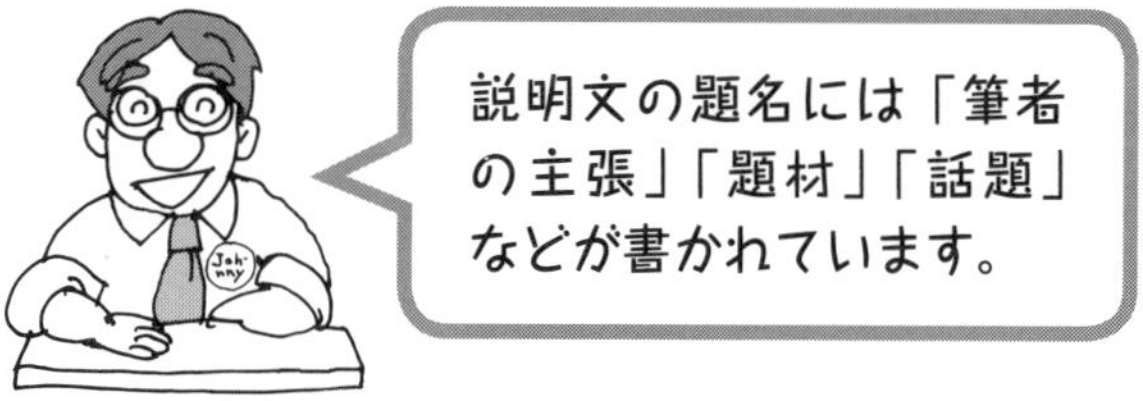
説明文の題名には「筆者の主張」「題材」「話題」などが書かれています。
Johnny

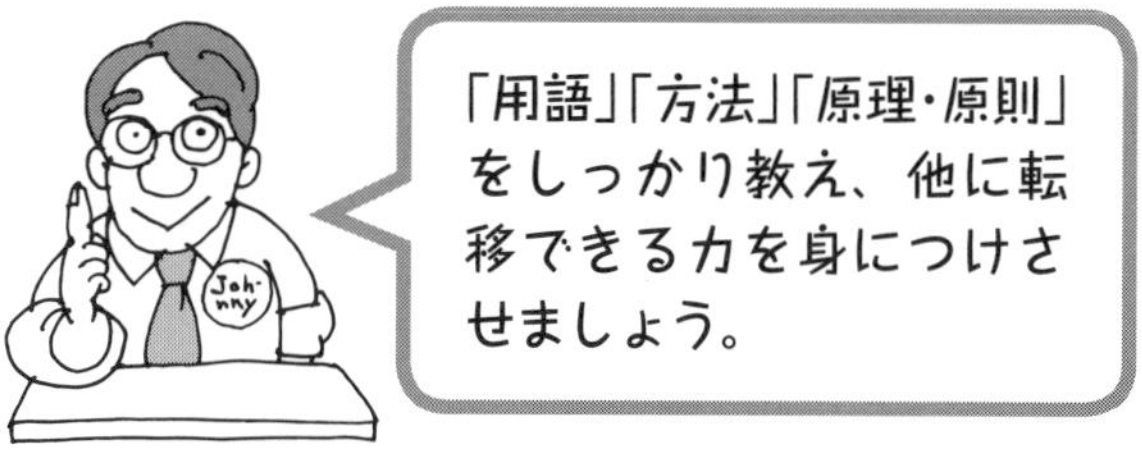
「用語」「方法」「原理・原則」をしっかり教え、他に転移できる力を身につけさせましょう。
Johnny

白石範孝の
国語授業の
教科書
これでいいのか?!
国語授業

こちらも参考に！

『白石範孝の国語授業の教科書』

→ 14、16、88、104、108 ページ

第四章◉

詩の技術

詩には規則や論理があります。
それを学習して、活用できる
ようにしなければいけません。

詩の表現技法を理解し、活用する授業

のはらうた（くどうなおこ『のはらうたⅠ』より）

※四年生の実践

「のはらうた」は、こんな教材

「のはらうた」は児童文学作家、くどうなおこ（工藤直子）さんの詩集シリーズです。それらの詩には、**類比や対比、反転などの表現技法がふんだんに盛り込まれており、小学生が詩を学習するために適した作品の一つ**だと思います。

そのため、私は積極的に活用しています。

本書では「みんながうたう　てんてんのうた」を使った授業を紹介します。

単元計画案

次	時	学習活動
一	1	◎「のはらうた」を読む。 ◎自分の「のはらネーム」を考える。
	2	
二	1	◎「みんながうたう　てんてんのうた」を読む。 ◎それぞれの連の内容を読む。
	2	◎それぞれの連を比較して、規則性を読む。
三	1	◎のはらネームをもとに、自分の「てんてんのうた」を創作する。 ◎基本文型を活用して書く。

この授業をクローズアップ

教材研究のポイント

①「のはらうた」を読む

この授業で直接扱うのは「みんながうたう　てんてんのうた」のみですが、「のはらうた」の世界観を知るために、ほかの詩も読んでおきましょう。

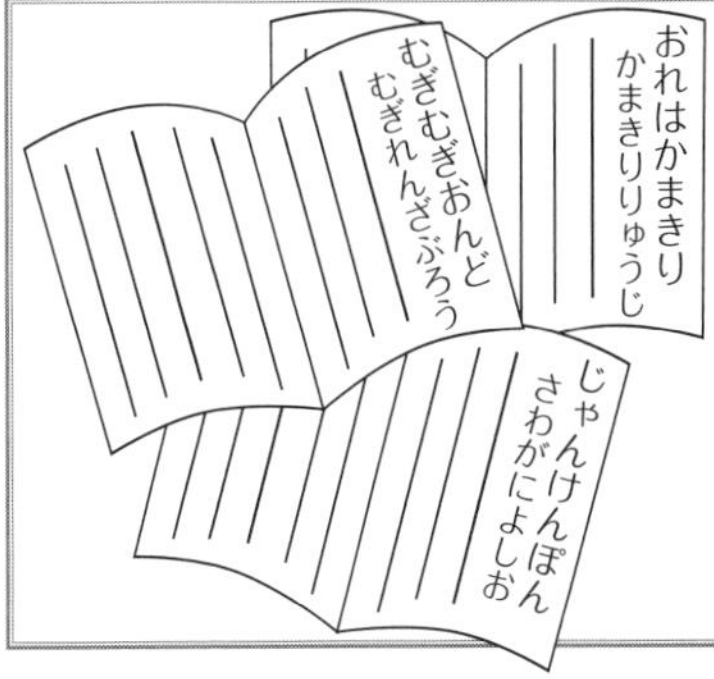
おれはかまきり
かまきりりゅうじ
むぎむぎおんど
むぎれんざぶろう
じゃんけんぽん
さわがにょしお

②技法と効果

音数、繰り返し出てくるフレーズ、各行の特徴（構成）など、技法とその効果をおさえておきましょう。それが詩の世界を想像する学習にもつながります。

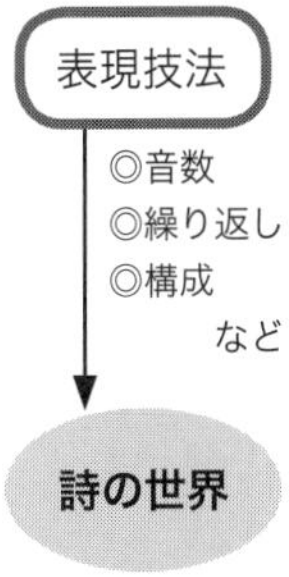
表現技法
◎音数
◎繰り返し
◎構成
など
詩の世界

③テーマ・世界観

子どもたちに各自の詩を創作させる際、「みんないいね」では学習になりません。技法や規則性が反映されていることはもちろんですが、テーマや世界観に沿っているかも評価しましょう。

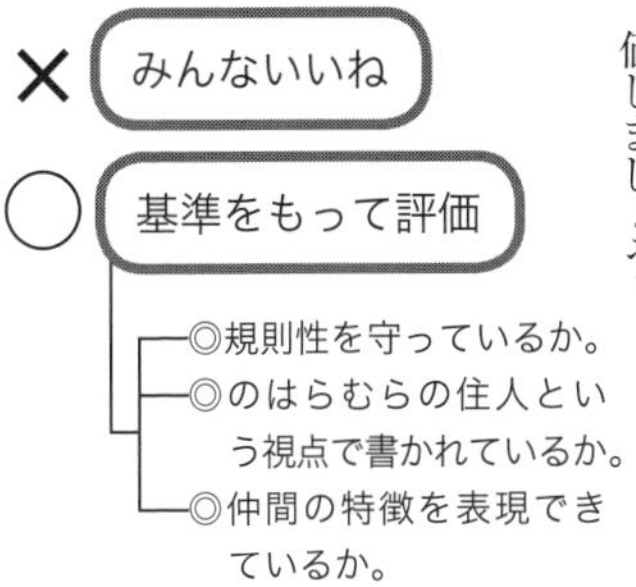
× みんないいね
○ 基準をもって評価
◎規則性を守っているか。
◎のはらむらの住人という視点で書かれているか。
◎仲間の特徴を表現できているか。

この授業のキモはここ!

多くの詩の授業は「読むことの楽しさ」と「おもしろさを味わう」ことを目的として行われています。そのため、詩を音読・暗唱したり、詩の世界をイラスト化するといった活動をよく行います。

しかし、それだけでは読み手のイメージだけに頼った授業になります。また、教師も子どもたちの意見を、どう評価してよいかわかりません。そのような授業では、子どもの詩を読む力が伸びるはずがありません。詩も文学作品や説明文と同じように論理的に読み解く必要があります。そのための**手がかりの一つが表現技法**なのです。

「みんながうたう　てんてんのうた」は八つの詩で構成されています（↓144～145ページ）。それぞれの詩には共通の規則性があり、共通の技法が使われています。一つひとつを眺めていても気づきませんが、ノートに書き写したり、それぞれを比較したりすれば、それらが見えてくるはずです。

実際に、この作品を読んだ子どもからは「リズムがいい」という声が出ました。この作品は七五調で、音数に規則性があるからです。子どもたちは何も教えなくても重要なことに気づくのです。教師の役割は、その気づきを論理的に説明できるように手助けすることです。

授業の流れ

10分 読みながら板書する。

てんてんてん
一文字
あけて
なんじゃらほい
てんてんてん　な

5分 みんなで読む。

てんてんてん……。

20分 規則を見つける。

指導のコツ①
（138ページ）

気がついたことは?
出だしは
「てんてんてん」。

10分 各自で一連をつくる。

指導のコツ②
（140ページ）

たぬきゆうこ
たぬき
おどって
てんてんてん

比較して規則に気づく

「みんながうたう　てんてんのうた」は、八つの詩を比較することで規則（共通点や決まり）を探し、表現技法に気づかせることができます。私の授業では全部を紹介する時間がなかったので、三つを紹介し、比較しました。すると、子どもたちは次のようなことに気づきました。

一行目……「てんてんてんてん　なんじゃらほい」で統一されている。

二行目……自己紹介のように、作者の名前が入っている。「てんてんてんてん」で終わる。

三行目……特徴や行ったことなどが書かれている。

四行目……三行目を承《う》けている。「てんてんてんてん」で終わる。

また、音数の共通点に気づく子もいます。もし、気づかなければ、少しテンポを上げて音読させ、**「この詩はどうしてリズムがいいんだろう」と質問してみる**のも効果的です。

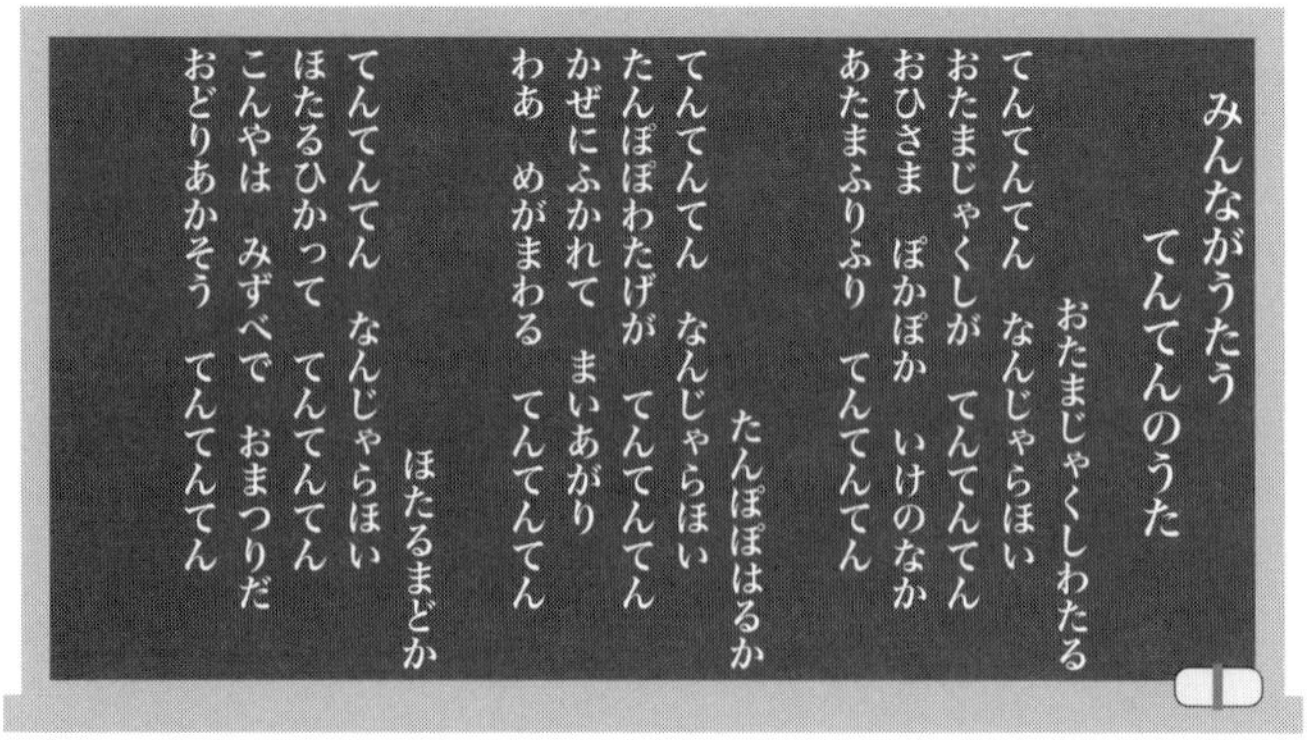
みんながうたう
てんてんのうた
おたまじゃくしわたる
てんてんてんてん　なんじゃらほい
おたまじゃくしが　てんてんてんてん
おひさま　ぽかぽか　いけのなか
あたまふりふり　てんてんてんてん
たんぽぽはるか
てんてんてんてん　なんじゃらほい
たんぽぽわたげが　てんてんてんてん
かぜにふかれて　まいあがり
わあ　めがまわる　てんてんてんてん
ほたるまどか
てんてんてんてん　なんじゃらほい
ほたるひかって　てんてんてんてん
こんやは　みずべで　おまつりだ
おどりあかそう　てんてんてんてん

この三つをくらべてみて、決まりは見つけられる？
みんながうたう
てんてんのうた
おたまじゃくしわたる
たんぽぽはるか
ほたるまどか
二行目に生き物の
名前が入っている！
1・2・3・4・5……
何をしているの？
音数を
数えています。
いいところに気がついたね！
音数がそろっているから、
この詩はリズムがいいんだよ。

規則を活用して「てんてんのうた」をつくる

規則を見つけたら、それを利用して自分なりの「てんてんのうた」をつくってみましょう。そのためには自らも、のはらむらの住人にならなければいけません。ですから、子どもたちには「のはらネーム」をつけてもらいました。自分が何の動物（または植物）になりたいかを考えたうえで、「動植物の名前」＋「人間の名前」を組み合わせるのです。私のクラスには「りすりんたろう」「ふくろうけんじ」「ひまわりはなこ」などのほか、「かるいしえいと」というユニークな名前をつけた子もいました。

子どもたちの創作中は、教室を回りながら、気づいたことを伝えるとよいでしょう。私は「たくさん」という表現を使っている子が多いことが気になりました。ですから、『てんてんてん』という表現は仲間たちがたくさんいることを表しているんだよね。だから『たくさん』という言葉を使わずにつくってごらん」と伝えました。

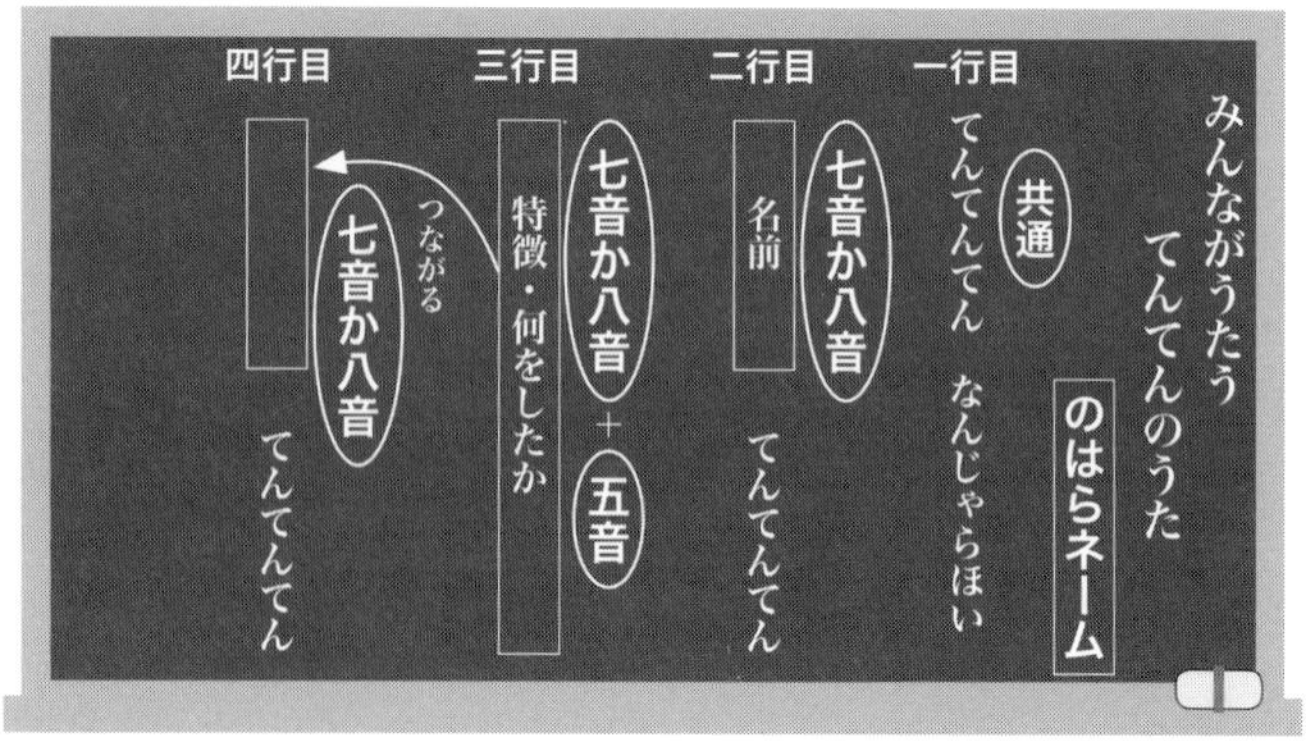
みんながうたう
てんてんのうた
のはらネーム
一行目
共通
てんてんてん　なんじゃらほい
二行目
七音か八音
名前
てんてんてん
三行目
七音か八音
＋
五音
特徴・何をしたか
つながる
四行目
七音か八音
てんてんてん

子どもたちがつくった「てんてんのうた」

ほしひろき

てんてんてん　なんじゃらほい
ほしが　きらきら　てんてんてん
ひろい　うちゅうに　みまもられ
いろんなところで　てんてんてん

ふくろうけんじ

てんてんてん　なんじゃらほい
ふくろう　めだまが　てんてんてん
くらい　よるでも　よくみえる
めだま　ひかって　てんてんてん

かるいしえいと

てんてんてん　なんじゃらほい
かるいし　ころがり　てんてんてん
なみに　うたれて　たびのとちゅう
みんなで　すすもう　てんてんてん

めだかたかし

てんてんてん　なんじゃらほい
めだか　すいすい　てんてんてん
かわに　ゆらゆら　いいきもち
みんな　なかよく　てんてんてん

たぬきゆうこ

てんてんてん　なんじゃらほい
たぬきおどって　てんてんてん
おなかは　たいこで　どんどこどん
たのしい　まつりで　てんてんてん

こいぬひろと

てんてんてん　なんじゃらほい
こいぬ　みんなが　てんてんてん
はしって　はしって　かぜをきる
しっぽ　ふりふり　てんてんてん

気づくために書く

　私の授業では、最初は子どもたちに教材文を見せません。私が詩を読みながら板書し、子どもたちは私の声を聞いてノートに書くのです。「一文字あけて」や「ぜんぶ平仮名で」、「次の行にいって」など、書き方の指示も口頭で行います。

　このような活動を行うと、**音読するだけでは気づかない表現技法に気づきやすくなります。**たとえば、この教材を音読すると「てんてんてん」という表現が多用されているように感じるはずです。しかし、書くことによって、最初と最後、それから二行目に秩序立てて使用されているということに気づくことができるのです。また、子どもたちが使うノートはマス（五ミリ方眼）が入っていますので、ノートを見ただけで音数の決まりにも気づくことができます。

　書くことで気づきが多くなるのは、大人も同じです。先生方も教材研究の際は教材文を書き写してみてください。「何を教えればよいのかわからない」と悩んでいる人ほど効果があるはずです。キーボードを叩いて書き写してもよいのですが、やはり手書きをお勧めします。そうすれば、漢字の使い方、助詞の使い方、句読点の打ち方など、ちょっとしたことに「あれ？」という疑問がわくはずです。授業では、そのような自分が疑問を持った点を考えてもよいのです。

この単元のまとめ

ねらい

①作品の世界を想像するために、表現技法と効果を学ぶ。

②規則を活用し、詩を創作する。

表現技法と効果を理解しなければ、詩の世界を理解することはできません。

詩には規則や論理があります。それを学習して、活用できるようにしなければいけません。

こちらも参考に！

『白石範孝の国語授業の教科書』

→ 118、124、126、128 ページ

みんながうたう　てんてんのうた

おたまじゃくしわたる

てんてんてん　なんじゃらほい
おたまじゃくしが　てんてんてん
おひさま　ぽかぽか　いけのなか
あたまふりふり　てんてんてん

たんぽぽはるか

てんてんてん　なんじゃらほい
たんぽぽわたげが　てんてんてん
かぜにふかれて　まいあがり
わあ　めがまわる　てんてんてん

ほたるまどか

てんてんてん　なんじゃらほい
ほたるひかって　てんてんてん
こんやは　みずべで　おまつりだ
おどりあかそう　てんてんてん

つばめひとし

てんてんてん　なんじゃらほい
つばめならんで　てんてんてん
ながいたびして　ごくろうさん
おしゃべりはずんで　てんてんてん

あめひでき

てんてんてん　なんじゃらほい
あめのしずくが　てんてんてん
はっぱの　さきから　ころげおち
あとから　あとから　てんてんてん

ありんこたくじ

てんてんてん　なんじゃらほい
ありんこ　あつまり　てんてんてん
あまいおやつを　みつけたぞ
みんなで　はこぼう　てんてんてん

とんぼすぐる

てんてんてん　なんじゃらほい
そらに　とんぼが　てんてんてん
めだま　きょろきょろ　いいけしき
かぜきるはねだ　てんてんてん

かきゆうぞう

てんてんてん　なんじゃらほい
かきのみ　あかいぞ　てんてんてん
はっぱおちても　みはおちぬ
ふゆまで　がんばれ　てんてんてん

くどうなおこ『のはらうたI』（童話屋）

わたし風「枕草子」（学校図書五年上）

身近なことに置き換え、古典に親しむ授業

「わたし風『枕草子』」は、こんな教材

現行の学習指導要領では「伝統文化の尊重」が掲げられ、高学年で古典を扱います。

この教材は「枕草子」の原文と現代語訳が掲載されており、自分なりの「枕草子」を書くことをテーマとしています。しかし、単に季節の好きなところを書くだけでは学習にはなりません。**「枕草子らしさとは何か」を理解したうえで書くことが重要**なのです。

単元計画案

次	時	学習活動
一	1	◎音読する。
二	1	◎内容を読み、特徴をつかむ。
	2	
三	1	◎基本文型を確認する。
	2	◎「ぼく・わたし風枕草子」を書く。
	3	

この授業をクローズアップ

教材研究のポイント

①読み方などを確認する

教師が音読をする際、誤読したり、間違ったアクセントをつけたりしないように、事前に確認しておきましょう。朗読のＣＤなどを聞いてもよいでしょう。

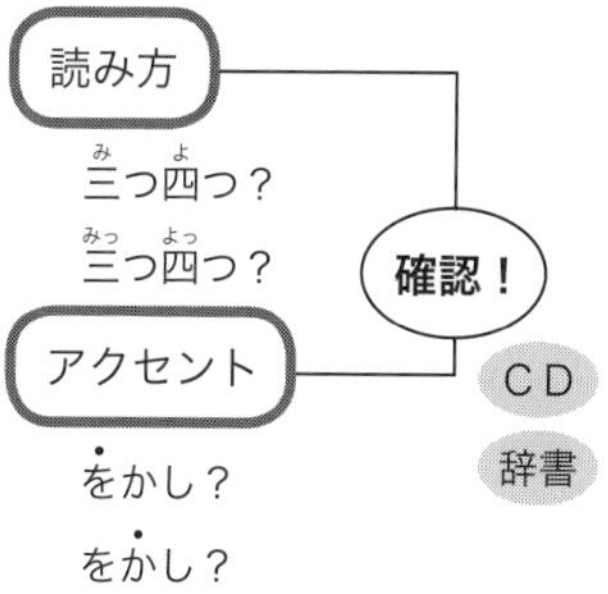
読み方
三《み》つ四《よ》つ？
三《みっ》つ四《よっ》つ？
アクセント
をかし？
をかし？
確認！
ＣＤ
辞書

②特徴をつかむ

作品が書かれた時代背景、特徴、使われている表現技法とその効果などをおさえておきましょう。

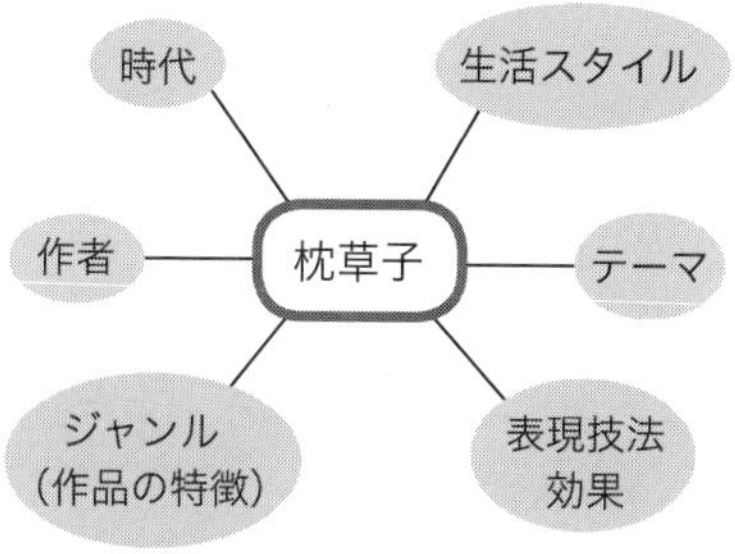
枕草子
時代
生活スタイル
作者
テーマ
ジャンル
（作品の特徴）
表現技法
効果

③自分に置き換える

子どもたちが古典を身近に感じ、自分の生活に置き換えてイメージできることが重要です。教師自身が自らの生活と比較してみるとよいでしょう。

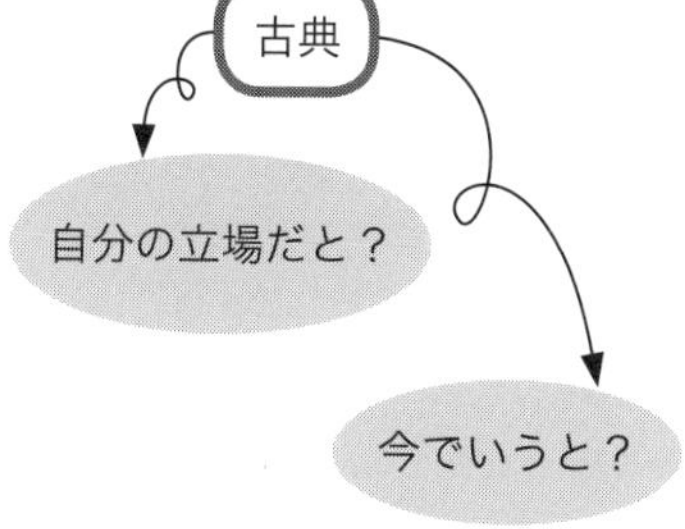
古典
自分の立場だと？
今でいうと？

この授業のキモはここ！

小学校の古典の授業では、古典に「親しむ」ことが重視されています。そのため、多くの場合、原文を音読することに力を注ぎます。しかし、古典を暗唱できるようになることが重要だとは私は思いません。**国語の授業として扱うからには、それ以降の授業や中学・高校での学習につながるものでなければいけない**はずです。

私の授業では、まず、「枕草子」がどういう作品かを学びます。「『枕』というのは自分の手元に置いてあるとか、身近に置いておく、という意味。『草子』は綴じ本のことだよ」などと教えると、子どもたちからは「自分たちが書く日記とかメモに似ている」や「自分たちの日記は日々の出来事を書くけれど、『枕草子』のほうがまとまっている」などの意見が出ました。

さらに、この授業では自分なりの「枕草子」を書くという活動を行います。しかし、単なる随筆を書くのではありません。**「枕草子」で使われている表現技法や効果を学び、それを自分の創作活動に取り入れることが重要**なのです。

このような授業を行うことで初めて、子どもたちは古典に親しむことができるのです。親しむとは、現代や自分の生活に置き換えることができる、ということも一つの要素です。**「これまでに勉強したことでいうと○○だね」「今でいうと△△だね」という発想を持つことで、子どもたちの視野や考え方が広がっていく**のです。

授業の流れ

10分 グループごとに読む。

春はあけぼの……。

5分 枕草子がどんな作品かを確認する。

枕草子の「枕」ってどんな意味？
わたし風「枕草子」

20分 約束事を見つける。

指導のコツ①（150ページ）

季節のいいところを挙げている。
体言止めになっている。

10分 わたし風「枕草子」の一例を発表する。

指導のコツ②（152ページ）

「Aくん風枕草子」を読んでみるよ。

古典でも表現技法は変わらない

　私が「『枕草子』で使われている約束事は何だろう」と聞くと、多くの子から「最初に季節ごとのよいところを挙げて、続けてその理由を説明している」という答えが返ってきました。そんな中、ある子は**「説明文で言えば頭括型のようなもの」**と答えました。たしかに、最初に結論を置いて、理由をあとから書いているので頭括型です。ほとんど学習したことのない古典と、今まで学習してきた説明文を結びつける発想には、私も驚かされました。

　また、体言止めに気づく子も多いでしょう。「春はあけぼの」「夏は夜」と言い切って強調したり、リズムをつくったりしています。

　さらに、最後の「わろし」の効果にも気づいてほしいものです。「よいもの・好きなもの」を並べながら、最後に「よくないもの・嫌いなもの」を挙げることで、「よいもの・好きなもの」を強調しているのです。

わたし風「枕草子」

　春はあけぼの。やうやう白くなりゆく山ぎは、少し明かりて、むらさきだちたる雲の細くたなびきたる。

　夏は夜。月のころはさらなり。やみもなほ、ほたるの多く飛びちがひたる。……ほのかにうち光りて行くもをかし。雨などふるもをかし。

　秋は夕暮れ。夕日のさして山の端いと近うなりたるに、からすのねどころへ行くとて、……日入り果てて、風の音、虫の音など、はた言ふべきにあらず。

　冬はつとめて。雪のふりたるは言ふべきにもあらず、霜のいと白きも、またさらでも、……昼になりて、ぬるくゆるびもていけば、火をけの火も白き灰がちになりてわろし。

約束事

抽象的 → 具体的

～がいい → 何がいいか　なぜいいか

頭括型　体言止め

枕草子の約束事は
なんだろう？
体言止め！
最初に季節のいいところを
言って、次にその理由を
書いている。
最初に抽象を挙げて、
次に具体を挙げている。
よくないものを挙げて、
よいものを強調している。

「わたし風『枕草子』」を書くために

私は子どもたちに日記を書かせています。その日記に予習段階で自分なりの枕草子をつくってきた子がいました（黒板参照）。

授業で約束事などに触れる前だったにもかかわらず、この子の作品は「抽象→具体」「体言止め」などの約束事にもとづいて書かれており、とてもよくまとまっています。そこで、私はこの作品をみんなに見せ、もっとよくするにはどうするかを考えました。

子どもたちからは「いと」「をかし」「言うべきにあらず」など、**原文で使われている表現を用いればよい**、という意見が出ました。

このような授業を行ったあとで子どもたちがつくった作品を左のページで紹介します。いかがでしょうか。単に自分の考える季節のいいところと、その理由を挙げるのではなく、「枕草子」の特徴をとらえた作品になっています。

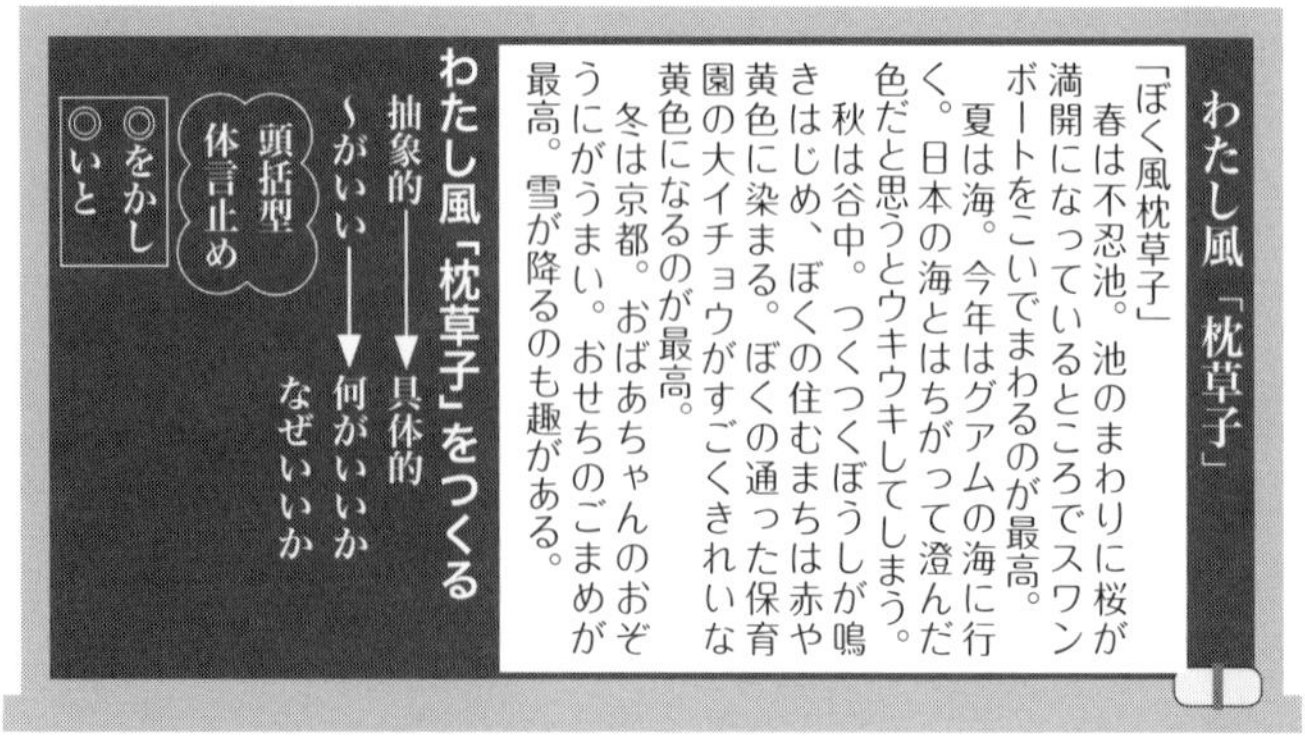
わたし風「枕草子」
「ぼく風枕草子」
春は不忍池。池のまわりに桜が満開になっているところでスワンボートをこいでまわるのが最高。
夏は海。今年はグアムの海に行く。日本の海とはちがって澄んだ色だと思うとウキウキしてしまう。
秋は谷中。つくつくぼうしが鳴きはじめ、ぼくの住むまちは赤や黄色に染まる。ぼくの通った保育園の大イチョウがすごくきれいな黄色になるのが最高。
冬は京都。おばあちゃんのおぞうにがうまい。おせちのごまめが最高。雪が降るのも趣がある。
わたし風「枕草子」をつくる
抽象的→具体的
～がいい→何がいいか
なぜいいか
頭括型
体言止め
◎をかし
◎いと

子どもたちがつくった「わたし風『枕草子』」

伶奈風「枕草子」

春は新学期。やうやう暖かく、桜ひらひら散りゆくはいとをかし。皆の笑顔輝くはさらなり。ぴかぴかに輝く一年生は言ふべきにあらず。

夏は水泳学校。さんさんと太陽射し、きらきら光る水面いとをかし。昨年の進級ならずの悔しき思いはさらなり。今年は目標をはたさんとぎらぎら闘志燃えるは言うべきにあらず。

秋は運動会。空高くさわやかさはいとをかし。昨年リレー選手になれずさらに優勝も逃すはいとかなし。今年はリレー選手になって優勝目指すは言うべきにあらず。

冬は縄跳び。ぴゅうぴゅう木枯らし吹き、吐く息白く光はいとをかし。縄跳びの新たなわざできればいとうれし。縄跳びの息弾みて眼鏡曇らせるはわろし。

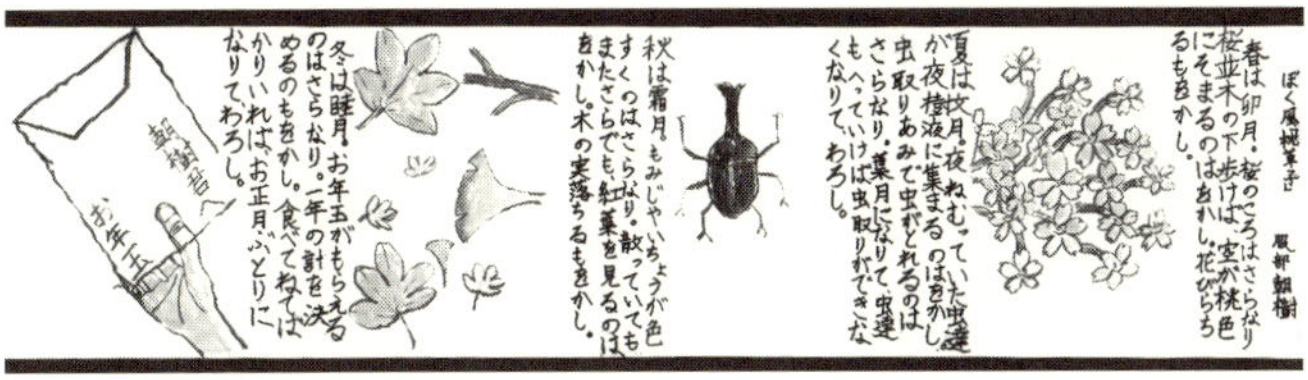
ぼく風枕草子
服部朝樹
春は卯月。桜のころはさらなり。桜並木の下歩けば、空が桃色にそまるのはあわれ。花びらちるもをかし。
夏は文月。夜ねむっていた虫達が夜樹液に集まるのはをかし。虫取りあみで虫がとれるのはさらなり。葉月になりて、虫達もへっていけば虫取りができなくなりて、わろし。
秋は霜月。もみじやいちょうが色すくのはさらなり。散っていてもまたさらでも、紅葉を見るのはをかし。木の実落ちるもをかし。
冬は睦月。お年玉がもらえるのはさらなり。一年の計を決めるのもをかし。食べてねてばかりいれば、お正月ぶとりになりて、わろし。
朝樹君へ
お年玉

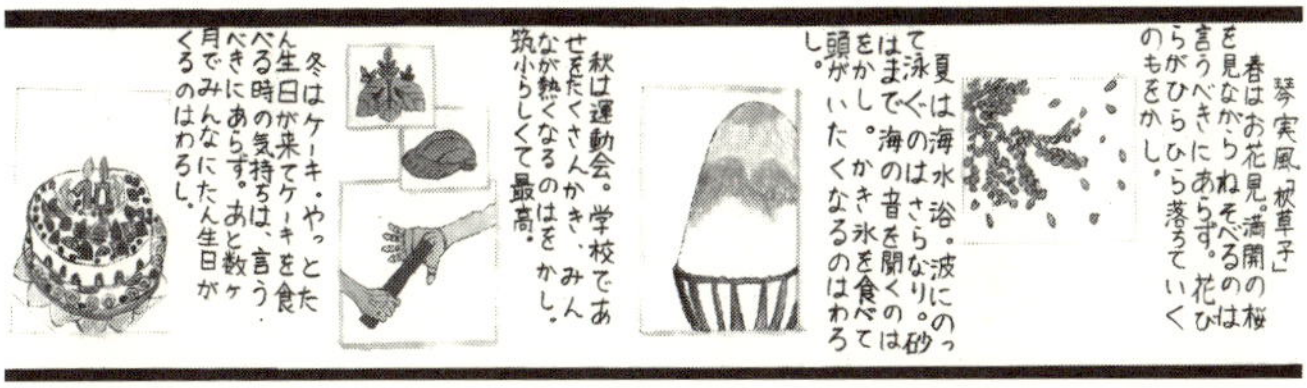
琴実風「枕草子」

春はお花見。満開の桜を見ながらねそべるのは言うべきにあらず。花びらがひらひら落ちていくのもをかし。

夏は海水浴。波にのって泳ぐのはさらなり。砂はまで海の音を聞くのはをかし。かき氷を食べて頭がいたくなるのはわろし。

秋は運動会。学校であせをたくさんかき、みんなが熱くなるのはをかし。筑小らしくて最高。

冬はケーキ。やっとたん生日が来てケーキを食べる時の気持ちは、言うべきにあらず。あと数ヶ月でみんなにたん生日がくるのはわろし。

ぼく風枕草子
春は不忍池。池のまわりに桜が満開になっているところでスワンボートをこいでまわるのはいとをかし。
夏は海。今年はグアムの海に行く。日本の海とはちがって澄んだ色だろうなとウキウキしてしまう。
秋は谷中。つくつくほうしが
冬は京都。おばあちゃんのおぞうにが言うべきにあらず。おせちのごまめがをかし。雪がふるのも、またさらでも、いとをかし。

ただ音読するだけではなく

この教材では、音読をして原文の世界をイメージすることも大切です。しかし、単に全員で声を合わせて読むだけでは、文字面を追うだけになってしまいがちです。それでは発展がありませんし、「枕草子」の世界を味わうことになりません。

私が行っているグループでの音読を紹介しましょう。

①四人一組でグループをつくる。男女二人ずつが好ましい。

②グループごとに独自の読み方を考える。共通の決まりは「題名は全員で声をそろえて読む」「一人で読む部分をつくる」「季節ごとに原文→口語訳の順に読む」の三つ。

③各グループで練習する。

④みんなの前で発表する。

子どもたちがどんな読み方をしたかというと、たとえば、あるグループは**「春はあけぼの」「夏は夜」**など、冒頭をみんなで声をそろえて読みました。また、**「をかし」「わろし」**の部分で声をそろえたグループもありました。**子どもたちは声をそろえて読む部分におもしろさ、特徴を見出している**のです。

グループ学習を行うことで、一人ひとりが情景を思い浮かべ、意見を交わし合い、より「枕草子」の世界観を理解することにもつながります。

この単元のまとめ

ねらい
①音読して作品のイメージをつかむ。
②古典を自分と重ねて読み、自分なりの表現をする。

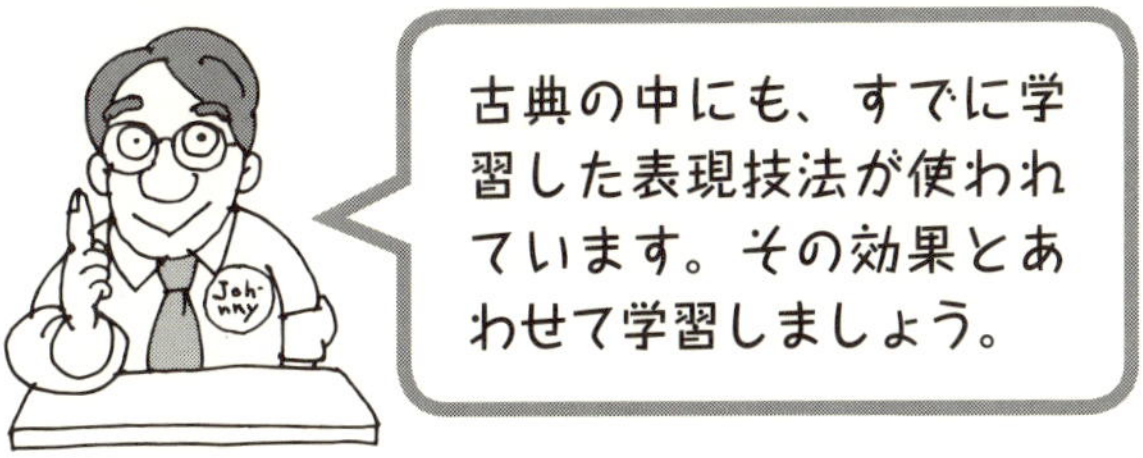
Joh-nny
古典の中にも、すでに学習した表現技法が使われています。その効果とあわせて学習しましょう。

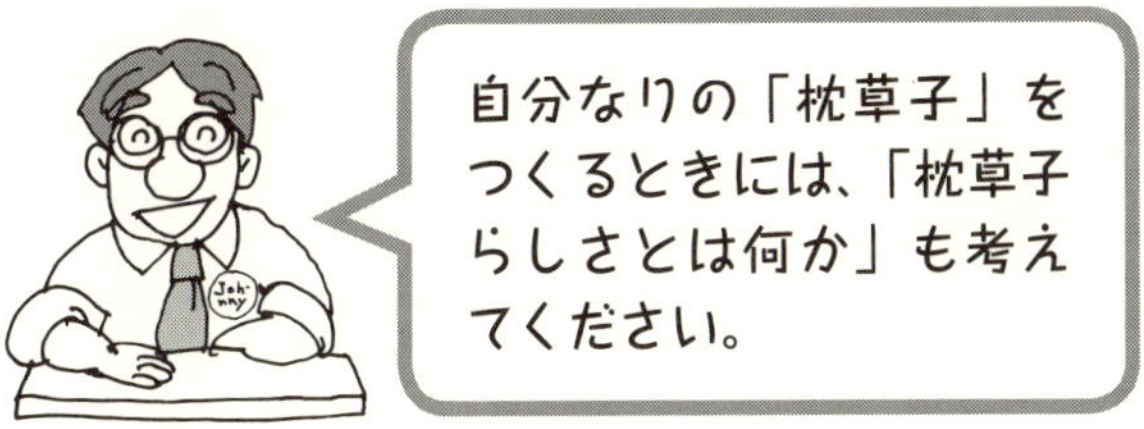
Joh-nny
自分なりの「枕草子」をつくるときには、「枕草子らしさとは何か」も考えてください。

白石範孝の国語授業の教科書
白石範孝［著］
これでいいのか!? 国語授業

こちらも参考に！

『白石範孝の国語授業の教科書』
→16、124ページ

おわりに

私がこれまでの実践を通して痛感しているのは、「教材の論理を導き出すこと」の重要性です。教材の論理をつかむためには、教師自身が「読みの観点」をしっかりともち、その観点をもとに教材研究を行うこと。このことが最も重要であると考えています。

まずは、私たち教師が教材に素直に向き合ってみる。目の前の教材から受けるイメージや疑問を大切にし、それらを手がかりとして教材を読み解いていくのです。

教材の論理さえ明らかになれば、何を指導すればよいかがはっきりします。同時に、どのように指導すべきかも見えてきます。「何を教えればよいのかわからない」「どう教えればよいのかわからない」などということはなくなるはずです。

本書では、子どもが「論理的に考える」読みの授業づくりを紹介してきましたが、その出発点は「教師の読み」です。子どもの論理的思考を育てたいなら、教師自身の論理的な読みが不可欠であると、本書をまとめながら改めて実感しました。

そして、論理を明確にするために、その原理・原則をより広く深く探っていく。今後は、このことをテーマに掲げて授業づくりに取り組みたいと思っています。

最後になりましたが、本書の出版にあたり、東洋館出版社、そして編集部の大崎奈津子様に大変お世話になりました。感謝申し上げます。

白石　範孝

授業は生き物。思い通りに進まないことも多々あるでしょう。みなさん自身が「他へ転移できる力」を身につけ、本書の技術をどんどん自分流にアレンジしてください。
Joh-nny

◉著者紹介

白石 範孝（しらいし　のりたか）

1955年、鹿児島県鹿児島市生まれ。東京都公立小学校教諭を経て、筑波大学附属小学校教諭となる。現在は明星大学教育学部講師、全国国語授業研究会理事、使える授業ベーシック研究会会長、学校図書国語教科書編集委員なども務める。
著書は、『他へ転移できる力としての学力』『プレミアム講座ライブ　白石範孝の国語授業のつくり方』『白石範孝の国語授業の教科書』（東洋館出版社）ほか多数。

白石範孝の国語授業の技術

2013年2月10日　第1刷発行

著　者……………………白石範孝
発行者……………………錦織圭之介
発行所……………………株式会社 東洋館出版社
〒113-0021　東京都文京区本駒込5丁目16番7号
営業部 TEL：03-3823-9206 ／ FAX：03-3823-9208
編集部 TEL：03-3823-9207 ／ FAX：03-3823-9209
振替：00180-7-96823
URL：http://www.toyokan.co.jp
装幀………………………株式会社 志岐デザイン事務所
キャラクターデザイン……志岐滋行
イラスト…………………大森眞司
編集協力・DTP……有限会社 地人館
印刷・製本………………藤原印刷株式会社

ISBN 978-4-491-02899-6